디지털자산
시대가 온다

디지털 자산

DIGITAL ASSET

시대가 온다

웹 3.0 시대에 탄생하는 부의 역전 기회

서병윤·이미선·오유리·이재민·노치혜·신연수·오승준 지음

경이로움

그간 블록체인 기술과 디지털자산에 대해 관심 있는
많은 분에게 "책 한 권만 추천해주세요"라는 부탁을 참 많이 받았다.
부족하지만 이 책으로 그 답을 갈음하고자 한다.

들어가며

우리나라 대부분의 사람이 디지털자산, 그중에서도 비트코인을 처음 접하게 된 시기는 아마도 2017년경일 것이다. 그전에는 비트코인에 대해 들어보지 못했거나, 언론에서 전하는 소식으로 들어보았다 하더라도 특이한 괴짜들만 사용하는 장난감 혹은 마약이나 무기, 불법 영상물 등을 인터넷상에서 은밀하게 거래하기 위한 수단 정도로만 인식했었다.

그러나 2017년 비트코인 광풍이 불면서 비트코인, 이더리움뿐 아니라 소위 '김치 코인'에 이르기까지 디지털자산은 뜨거운 관심의 중심이 되었다. 공중파 뉴스, 다큐멘터리, 예능 등 디지털자산을 다루는 프로그램이 넘쳐났고, 사람들은 모이기만 하면 "누구는 얼마를 벌어 지난달 사표를 냈다더라" 류의 이야기에 열을 올렸다.

분위기가 심상치 않음을 감지한 당시 정부는 디지털자산(당시에는 주로 암호화폐로 불리던)을 '바다 이야기'와 같은 사행성 투기 수단으로 규정짓고, 블록체인 관련 기업을 벤처기업 리스트에서 삭제하고, 해외진출에 필요한 국외송금을 막는 등 전방위적인 규제정책을 시행했다. 그럼에도 불구하고 비트코인 열풍이 사그라들지 않자 급기야 멀쩡히 영업 중이던 암호화폐 거래소를 폐쇄할 수도 있다는 정부 고위 관계자의 발언이 언론을 장식하기도 했다.

그러던 2018년 초 비트코인 가격이 정점을 찍고 빠르게 하락하기 시작했다. 사회지도층 인사들이 매체에 나와 내재적 가치가 없는 비트코인의 가격은 '0'원에 수렴할 수밖에 없다는 예견을 한둘씩 내놓기 시작했다. 많은 사람이 이에 동조했고 2018년 말 비트코인 가격은 고점 대비 80%가량, 대부분의 알트코인 가격은 고점 대비 95%가량 크게 하락했다. 그리고 때를 기다렸다는 듯이 '비트코인은 끝났다' '내재적 가치가 없기 때문에 결국에는 0원에 수렴할 것' 등의 기사가 쏟아졌다.

그러나 약 2년 정도의 '크립토 윈터(디지털자산의 가격이 급락하고 거래가 얼어붙은 시기)'를 지나고 반전이 일어났다. 2020년 전 세계를 덮친 코로나19 팬데믹 이후 1년 정도 흘러 최고의 수익률을 보인 자산은 비트코인을 대표로 하는 디지털자산이었다. 이번에는 '웹 3.0' '메타버스' 'NFT' 등 보다 강력해진 내러티브와 함께 돌아왔다. 수많은 대기업이나 금융 기관이 디지털자산이 미래라며 투자에 나섰고, 보다 많은 사람이 디지털자산에 돈을 투자하기 시작했다.

그리고 2022년 이후 다시 찾아온 크립토 윈터를 지나 이 책이 출간되는 2023년 현재 많은 전문가가 이제 다시 디지털자산 시장이 꿈틀거리는 상승 초입에 왔음을 조심스럽게 선언하고 있다. 이제 한발 떨어져 비트코인의 가격 등락을 보자. 비트코인의 등장 이래 디지털자산의 본질은 변하지 않았다. 현상을 바라보는 대중의 시각과 평가만이 냉탕과 온탕을 오갔을 뿐이다.

어떤 자산이든 가격은 수요와 공급의 함수로 결정된다. 많은 사람이 전문가들의 비트코인의 가격을 예측하려는 노력을 마치 주술사의 눈속임처럼 헛된 것으로 치부하지만, 수요와 공급에 영향을 미치는 요소들을 하나하나 따져보며 가격예측 모델을 만들고 끊임없는 검증으로 초과수익인 알파를 찾아나가는 것은 주식 시장에서 너무나도 익숙한 일이다. 그리고 디지털자산 시장에서도 많은 전문가가 보다 정교한 가격예측 모델을 만들며 투자자들에게 유용한 정보를 제공하기 위해 노력하고 있다. 이 책 또한 그러한 노력의 일환이다.

다행히도 디지털자산 대장주인 비트코인의 공급에 대한 정보는 이미 알려져 있다. 그리고 수요에 영향을 미치는 것은 크게 거시경제 상황, 각국 정부의 정책, 기술적 이슈 정도로 나누어볼 수 있다. 하지만 개인투자자에게 가장 중요한 것은 '내가 어떻게 돈을 벌 수 있을까?' '인플레이션 시대에 어떻게 노동의 대가인 나의 부를 지키고 안정적으로 불려갈 수 있을까?'일 것이다. 이를 위해 디지털자산을 살까 말까, 얼마나 살까, 무엇을 살까, 언제 살까 혹은 팔까 같은 독자가 가장 궁금해할 만한 질문에 대한 답을 객관적인 정보를 기반으로 제시해보았다.

비즈니스를 하는 기업의 입장에서도 디지털자산은 거대한 기회이자 미지의 영역이다. 한때 메타버스 혹은 NFT라는 테마에 연관되기만 해도 상한가라는 우스갯소리가 증권가에 돌기도 했다. 그러나 언론에서 공개된 사업 계획을 보면 과연 이 기업이 메타버스나 웹3.0이라는 현상에 대한 본질적인 이해는 불구하고 기본적인 지식이라도 있는지 의문을 들게 하는 내용이 대부분이었다.

이 책에서는 디지털자산과 연관 지어 '웹 3.0' '메타버스' 'NFT' 'P2E' 등 새로운 비즈니스를 하는 기업에도 향후 나아갈 방향에 대한 조그마한 도움이라도 될 만한 내용을 담기 위해 노력했다.

"역사는 그대로 반복되지는 않지만 대개 운율은 맞춘다. History never repeats itself, but it does often rhyme." 미국 소설가 마크 트웨인Mark Twain의 유명한 말이다.

겨울이 지나고 봄이 오듯, 반드시 디지털자산 시장의 봄은 다시 올 것이다. 그러나 어떠한 형태와 내러티브로 오게 될지, 그리고 어떤 사람에게, 어떤 기업에 혹은 어떤 국가에 새로운 기회와 부를 안

겨줄지는 쉽사리 예측하기 어렵다. 부족한 점이 많지만 아무쪼록 이 책이 앞으로 다가올 거대한 기회를 기다리는 독자들에게 작은 도움이 될 수 있기를 바란다.

서병윤

추천사

34년간의 공직생활 동안 가장 기억에 남는 순간 중 하나가 2017년 12월의 가상자산 대책 발표였다. 당시 사토시 나카모토가 쓴 9페이지짜리 논문을 처음 읽고 엄청난 충격을 받았던 기억이 생생하다. 공직생활을 마치고 민간에 나와 블록체인 기술이 우리 사회와 금융을 어떻게 바꾸어갈지 깊이 연구하기 위해 해시드오픈리서치라는 조직을 설립했다. 나와 같은 고민을 하는 젊은 친구들이 이번에 블록체인의 기술과 디지털자산의 다양한 면모, 그리고 다가올 미래에 대한 통찰을 한 권의 책에 담았다. 이 책이 다가올 미래를 준비하는 금융 업계 종사자와 정책 담당자, 그리고 국민에게 널리 읽힐 수 있기를 바란다.

— 김용범(해시드오픈리서치 대표이사, 전 기획재정부 1차관, 전 금융위원회 부위원장)

....

서병윤 소장은 대한민국 금융정책을 총괄하는 금융위원회안에서 촉망받던 엘리트 관료 출신이다. 그러던 그가 2년 전 디지털자산 시장 내의 유력한 기업의 경제연구소장으로 깜짝 변신해 많은 사람을 놀라게 했다. 짧은 시간임에도 불구하고 그의 디지털자산 업계에 대한 정확한 진단과 향후 대한민국 미래의 신성장 산업 동력을 향한 훌륭한 설계는 그가 왜 보장된 미래를 박차고 나와 용기 있는 도전을 했는지 알 수 있게 했다. 미래의 부를 쟁취하고 싶은 사람, 그동안 어렵기만 했던 블록체인 기술을 쉽게 이해하고 싶은 사람이라면 반드시 읽어보아야 할 필독서임이 분명하다.

— 김상민(부산디지털자산거래소 설립추진위원장, 19대 국회의원)

디지털금융 분야에 몸담고 있지만 블록체인과 디지털자산에 대해서 깊게 공부할 기회가 없었는데 반가운 책이 나왔다. 블록체인 기술과 디지털자산에 대한 알기 쉬운 설명, 업계의 주요 이슈와 최신 트렌드까지 폭넓게 망라하면서도 흥미로운 비유와 일화들이 곳곳에 배치되어 단번에 읽어 내려갈 수 있었다. 블록체인이라는 새로운 기술에 담긴 커다란 기회를 잡고 싶어 하는 모든 분께 일독을 권한다.

— 진형구(카카오페이 부사장, 변호사)

수년간 블록체인 업계에 몸담고 있으면서 여러 번 책 출간 요청을 받았지만 마음의 여유가 없어 지금까지 응하지 못했다. 그러면서도 블록체인 기술과 디지털자산에 대해 궁금해하는 분들께 선뜻 권할 만한 책이 마땅치 않아 못내 마음 한구석이 무거웠는데 누구에게나 권할 만한 좋은 책이 나온 것 같다. 블록체인 기술을 쉽게 설명하려는 노력뿐만 아니라 실제 현실에 적용하는 과정에서 문제가 될 수 있는 지점을 깊게 고민한 흔적이 엿보인다. 일반인뿐 아니라 업계 종사자들에게도 많은 도움이 될 책이다.

— 김지윤(DSRV 대표)

차례

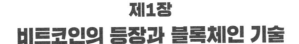

제1장
비트코인의 등장과 블록체인 기술

제2장
디지털자산에 투자해야 하는 이유

제3장
실전 디지털자산 투자

제4장
블록체인 기술, 모든 것과 만나 진화하다

DIGITAL ASSET

제 1 장

비트코인의 등장과
블록체인 기술

인터넷으로 열린
새로운 시대

인터넷,
그게 무엇이죠?

1995년 최고의 인기 토크쇼였던 〈레이트 쇼 위드 데이비드 레터맨 Late Show With David Letterman〉에 빌 게이츠Bill Gates가 출연했다. 사회자가 빌 게이츠에게 물었다. "인터넷이라고 불리는 것에 대해 어떻게 생각하죠?" 이에 빌 게이츠가 설명을 시작했다. "인터넷은 사람들이 정보를 게시할 수 있는 장소입니다. 누구라도 자신의 홈페이지를 만들 수 있고, 기업들도 인터넷에 있고, 정보들도 그곳에 있죠. 지금 인터넷에서 일어나고 있는 일들은 엄청납니다. 전자우편을 보낼 수도 있고요. 이것이 바로 'Big new thing'입니다." 이에 사회자는 다시 질문했다. "제대로 이해하지 못하는 것을 비판하는 것은 쉽긴 하죠. 제가 바로 그러한 사람인데요. 한두 달 전에 인터넷에서 야구경기를 중계한다는 획기적인 발표가 있었더군요. 그러니까 컴퓨터로 야구경기를 들을 수 있다고요. 전 이런 생각이 들더군요. 라디오라는 걸 들어보셨나?" 이 말에 방청객들이 웃기 시작했다.

"차이점이 있죠. 야구경기 중계를 듣고 싶을 때, 아무 때나 들을 수 있어요." 빌 게이츠의 대답에 다시 사회자가 물었다. "그러니까 메모리인지 그런 곳에 저장한단 말이죠?" 이에 빌 게이츠가 맞다고 대답하자 사회자는 회심의 한 방을 날렸다. "혹시 녹음기라고 들어보셨나요?" 관객들과 빌 게이츠 모두 폭소했다.

새로운 개념, 기술, 현상이 나타났을 때 우리는 본능적으로 기존에 알고 있던 것들 중 가장 유사한 것을 끌어와 이를 이해하려 한다. 1995년 당시 사람들에게는 인터넷이란 라디오나 녹음기, 우편 등의 기능을 가진 전자기기나 서비스와 유사했을 것이다. 그러나 아침에 눈을 뜰 때부터 밤에 잠들기 전까지 수많은 시간을 인터넷상에서 보내는 현대의 우리들은 인터넷이 라디오나 녹음기와는 전혀 다르며 훨씬 많은 일을 할 수 있는 그 무엇이라는 것을 이미 알고 있다. 그러나 한번 생각해보자. 우리는 인터넷이 어떻게 작동하는지 알고 있을까?

인터넷의 등장과
그 본질

인터넷의 작동 원리를 모른다고 자책할 필요는 없다. 2001년부터 구글^{Google}의 CEO로 합류해 구글을 세계 최고의 IT 기업으로 성장시킨 에릭 슈미트^{Eric Schmidt}는 이렇게 말했다. "인터넷은 인간이 발명해 놓고도 이해하지 못하는 최초의 발명품이며, 역사상 최대 규모의 무정부주의에 대한 실험이다." 갑자기 인터넷을 이야기하는 이유는 블록체인을 이해하기 위해서는 인터넷의 작동 원리까지는 아니더라도 탄생 배경과 그 특징을 간략하게 이해하는 것이 도움이 되기 때문이다.

1957년 10월 구소련에서 세계 최초의 인공위성 '스푸트니크^{Sputnik} 1호'를 우주로 쏘아 올렸다. 이는 핵 기술과 우주 기술을 비롯한 과학 기술에 절대적 우위를 보유하고 있다고 믿던 미국에 큰 충격을 주었다. 특히 우주로 로켓을 쏘아 올리는 기술은 대륙간 탄도 미사일을 발사할 수 있는 기술과 본질적으로 같았기 때문에 미국의 불안감은 더욱 커질 수밖에 없었다. 이에 미국은 다양한 과학 기술 개발에 박차를 가하게 되었는데, 당시 중요한 과제 중 하나가 '중요 군사 정보를 어떻게 관리할 것인가?'였다.

최초에는 중요 정보를 보안이 철저한 철벽요새의 중앙 서버에 두어 관리하려고 했다. 그러나 핵미사일이 이 요새를 공격하면 어떻게 대처할 것인지에 대한 대책이 없었다. 그래서 서버를 여러 곳에 분산 설치한 뒤 모든 서버를 연결해 일부 서버가 공격당하는 상황에서도 나머지 서버들로 정보를 관리하는 방안이 제시된다. 그리하여 1969년 국방부 산하의 고등연구국Advanced Reserch Projects Agency, ARPA(현재는 DARPA로 명칭 변경)에서 미국 서부의 4개 대학 연구소에 서버를 분산 설치하고 정보를 교환할 수 있는 네트워크인 '알파넷ARPAnet'을 개발하게 된다.

'알파넷'의 가장 큰 특징은 정보 전송 시 기존의 '회선 전송 방식 Circuit Switching' 대신 '패킷 전송 방식Packet Switching'을 사용했다는 것이다. 즉 그전까지는 A지점에서 B지점까지 정보를 전달할 때는 사전에 지정된 특정 회선으로만 정보를 보내는 회선 전송 방식을 사용했다. 그러나 회선 전송 방식은 폭격과 같은 이유로 이 회선이 끊어질 때에 대한 대응책이 없었다. 반면 패킷 전송 방식은 사전에 특정 경로를 설정해두지 않고 정보를 패킷 단위(데이터 전송을 위해 묶는 단위를 뜻한다)로 끊어 상황에 따라 다양한 경로로 보낼 수 있는 방식이다. 이때 정보를 패킷 단위로 보내기 위해 미리 설정해둔 전송 방식을 '인터넷 프로토콜 스위트Internet Protocol Suite'라고 한다.

설명이 어렵다면 머릿속에 그물망을 떠올려보면 된다. 어부들이 사용하는 그물망은 여러 선들이 얽혀져 있기 때문에 몇 가닥 선이 끊기더라도 큰 형태는 무너지지 않는다. 이러한 '망으로서의 속성' 덕분에 전 세계를 뒤덮고 있는 인터넷망은 외계인의 침략으로 전 지구가 초토화되거나, 모종의 이유로 전 세계가 정전 사태를 맞지 않는 이상 '정보의 바다'라는 역할을 지속할 수 있다.

이후 1990년에는 문서와 소리, 동영상 등의 정보를 데이터베이스에 보관하고 특성한 소프트웨어를 이용해 열람하는 방식인 '월드와이드웹World Wide Web'이라는 방식이 등장했다. 우리가 홈페이지에 접속하면 주소창에서 보게 되는 바로 그 'www'다. 이후 전 세계 어디에서나 특정 사이트에 손쉽게 정보를 저장하고 이를 읽을 수 있는 오늘날의 인터넷 서비스가 일반화되었다.

참고로 인터넷의 기원에 대해서는 미국에서 개발한 알파넷을 원조로 보는 입장과 '유럽 입자 물리 연구소'에서 개발한 월드와이드웹을 원조로 보는 입장으로 나뉜다. 현재 우리가 흔히 떠올리는 인터넷이란 브라우저에서 'www'로 시작하는 주소를 이용해 접속하는 온라인 공간의 이미지이긴 하지만, 인터넷은 'www'뿐만 아니라 이메일, 파일공유 서비스, 모바일 애플리케이션 등을 모두 포괄하는 개념이라는 점, 가장 대중적인 인터넷 서비스인 이메일이 1971년부터 시작된 점 등을 감안해 알파넷을 인터넷의 시초로 보는 시각이 조금 더 우세한 편이다.

인터넷상에서
가치를 전송하기 위한 시도

인터넷의 등장과 함께 우리는 전 세계 어디로든 손쉽게 정보를 보낼 수 있게 되었다. 그러나 문서, 음악, 동영상 등과 달리 돈을 보내는 문제는 간단한 것이 아니었다.

생각해보자. 우리가 인터넷상에서 보내는 이메일, 워드 문서, 파워포인트 파일 등은 모두 복사가 가능하다. 내가 친구에게 이메일을 보내더라도 나는 '보낸 편지함'에서 내가 보낸 메일을 얼마든지 확인할 수 있다. 그리고 내가 메일을 보낸 후에 동일한 메일이 내 메일함에 남아 있다는 사실은 아무런 문제가 되지 않는다.

그러나 인터넷상에서 돈을 보내는 상황이라면 어떨까? 내 계좌에서 친구 계좌로 돈을 보낸 이후에도 내 계좌에 보낸 돈이 그대로 남아 있다면 그것은 심각한 문제다. 내가 1만 원밖에 없는 상황에서 인터넷으로 A에게 1만 원을 보낸 이후 동시에 B에게도 1만 원을 보내는 상황, 이를 '이중 지불 문제Double Spending Problem'라고 부른다. 인터넷의 등장 이후 디지털 세상에서 '돈'을 구현하기 위한 시도는 아주 다양하게 이루어졌으며, 그 시도의 핵심 질문은 '이중 지불 문제를 어떻게 해결할 것인가?'였다.

이중 지불 문제를 해결하고 디지털자산의 구현에 맨 처음 관심을 가지기 시작한 그룹은 암호학계였던 것으로 보인다. 암호학을 기반으로 한 화폐 시스템은 1980년대 미국의 저명한 암호학자 데이비드 차움David Chaum의 논문에서 가장 먼저 언급되었다.

데이비드 차움이 1980년대 발표한 논문들에는 「추적 불가능한 전자메일, 반송 주소 및 디지털 가명(1981)」, 「추적 불가능한 지불 수단을 위한 블라인드 서명(1983)」, 「추적 불가능한 전자화폐(1988)」가 있다. 언급한 논문들에서 공통적으로 보이는 단어가 바로 '추적 불가

■ 추적 불가능한 지불 시스템

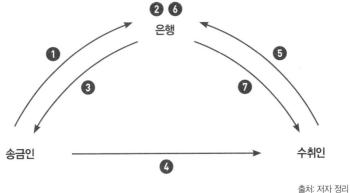

능'이다. 그의 논문에서 제시되는 '추적 불가능한 지불 시스템'을 한 번 보자. 그는 송금인payer, 은행, 수취인payee 사이에서 일어나는 지불 시스템을 다음과 같이 정리했다.[*]

1. 송금인이 은행에 특정 비밀번호와 함께 암호화폐 제작을 요청한다.

2. 요청받은 금액만큼 송금인의 은행 잔고를 차감한다.

3. 은행은 송금인에게 특정 비밀번호가 기록된 암호화폐를 전달한다.

4. 송금인이 수취인에게 암호화폐를 사용해 구매의사를 전달한다.

5. 수취인은 이 암호화폐가 옳은 것인지(사용여부가 아직 없고 위조된 것이 아닌

---

[*] 그의 논문에는 디지털 서명을 기반으로 해 13개의 프로세스를 이용해 설명했으나, 독자의 이해를 위해 전자 서명을 이용한 부분을 암호화폐 발행으로 변형해 정리함. 중복 검사 술어redundancy checking predicate에 대한 부분 또한 '비밀번호'라는 표현으로 각색함

지) 은행에 확인을 요청한다.

6. 은행은 수취인의 요청을 확인하고, 옳은 암호화폐이면 수취인의 잔고를 증액한다.

7. 은행은 수취인에게 거래가 올바르게 완료되었음을 통보한다.

위의 방식을 보면 우리가 알고 있는 비트코인(BTC)의 개념과 많이 다른 방식임을 알 수 있다. 당시 데이비드 차움은 현금으로 거래하면 누가 얼마를 주었고, 누구에게 언제 지급했는지 등의 거래정보가 남지 않는 반면, 온라인상의 송금은 송금인과 수취인, 액수와 송금시간 등 모든 정보가 기록되므로 큰 문제라고 보았다. 그는 프라이버시와 익명성을 지키기 위해 송금인과 수취인의 신원은 암호화하되, 누구에게 얼마를 보내는지는 확실히 식별할 수 있는 시스템을 개발했다. 여기서 이중 지불 문제를 해결하고 거래의 신뢰를 보증하기 위한 중개인, 즉 은행의 존재를 부정한 것은 아니었다는 점이 이후 등장한 비트코인과의 차이점이라고 볼 수 있다.

데이비드 차움은 이후에 본인의 연구를 바탕으로 '디지캐시 Digicash'라는 이름의 암호화폐 기업을 차렸다. 그리고 최초의 암호화폐 '이캐시 eCash'를 공개했다. 이캐시는 디지털화된 달러에 해시값[*]을 붙여 인터넷에서 결제 수단으로 이용할 수 있게 만든 화폐다. 디지캐시는 이캐시를 바탕으로 1995년부터 미국에서 소액 결제 시스템을

---

* 해시함수를 적용해 나온 일정 길이의 값

제1장 비트코인의 등장과 블록체인 기술 | **25**

제공했다.

그러나 디지캐시는 중앙화된 시스템으로서 은행과의 연계에 필수적인 한계가 있었다. 당시 미주리주 지방은행인 마크 트웨인 은행 Mark Twain Bank 이 처음으로 이 시스템을 도입했지만 익명성을 부정적으로 보던 미국 정부의 눈치를 보다가 탈퇴하며 사업의 확장에 어려움을 겪었다고 한다.

또한 1990년대 후반은 미국 카드사들의 급격한 성장이 있던 시기였다. 카드사는 은행을 기반으로 수많은 고객에게 전자상거래와 실물경제에서의 거래 서비스까지 제공할 수 있다는 점을 내세워 급격히 사용자 기반을 확장해갔다. 디지캐시는 결국 1998년 파산 신청을 했으며 이캐시는 역사 속으로 사라지게 되었다.

중앙화된 금융 시스템의 한계

2000년대 들어 미국에서는 페이팔PayPal 서비스가 온라인 송금 시장을 장악해갔다. 미국뿐만 아니라 우리나라에서도 시중은행이 출시한 인터넷뱅킹 서비스가 빠르게 대중화되고 있었다. 그러나 이는 앞에서 설명한 디지캐시와 같이 중앙화된 중개 기관이 송금인과 수취인, 거래금액 등에 관련된 모든 정보를 독점하고 모든 거래 과정을 책임지고 처리하는 서비스였다.

또한 지금까지 설명한 금융 거래 시스템은 모두 미국 달러 같은 법정화폐를 기반으로 하는 시스템이다. 중앙은행이 독점적으로 발행하는 화폐를 기반으로 중앙화된 금융 기관을 이용해 금융 거래가 이루어지는 기존의 금융 시스템은 몇 가지 문제를 지닌다.

첫째, 화폐 가치의 지속적 하락이다. 중앙은행은 일정한 절차를 거쳐 화폐를 발행할 권한을 갖는다. 수요 공급의 원리에 따라 화폐 발행량이 증가하면 화폐 가치는 하락한다. 기존에 화폐를 보유하고 있던 일반 국민은 가만히 있어도 본인의 재산이 줄어든다. 그리고 시뇨리지Seigniorage*, 즉 화폐주조차익은 국가에 귀속된다.

둘째, 거래기록의 위변조 가능성이다. 금융 기관은 모든 거래기록을 중앙원장Centralized Ledger, 즉 데이터베이스에 기록한다. 이 중앙원장은 무수히 많은 해킹 시도나 위변조하려는 공격에 상시적으로 노출될 수밖에 없다. 또는 내부인력의 횡령, 전산오류 등으로 인한 고객 피해가 발생할 가능성도 있다.

셋째, 잠재적으로 발생할 수 있는 프라이버시 침해다. 금융 기관은 거래의 유효성, 불법자금 여부 등의 확인을 위해 거래상대방의 정보를 요구하고, 받은 정보를 보관하게 된다. 개인의 민감한 거래 정보가 유출되어 범죄에 악용되거나, 금융 기관 또는 제3의 기업에 의해 고객 의사와 상관없이 상업적으로 이용되는 프라이버시 침해가 일어나기도 한다.

우리는 평소에 이러한 잠재적 위험을 인식하지 않는다. 대부분의 사람은 금융 시스템을 신뢰하고, 이 신뢰의 기반 위에서 금융 시스템은 대체로 문제없이 잘 작동한다. 그러나 2008년경 세계적으로 금융 시스템에 대한 신뢰가 크게 흔들리는 사건이 발생한다. 바로

---

* 봉건제도에서 영주들이 화폐를 주조해 누리는 경제적 이득

미국에서 시작된 글로벌 금융 위기다.

글로벌 금융 위기 이후
무너진 신뢰

2008년 3월 세계 5대 IB^Investment Bank (투자은행) 중 하나였던 베어스턴스
The Bear Stearns가 파산한다. 이때까지만 해도 이 사태가 전 세계적인 위
기로 번지리라 예상한 사람은 많지 않았다. 그러나 같은 해 9월 15일
세계에서 네 번째로 큰 투자은행이었던 리먼 브러더스Lehman Brothers
가 파산 신청을 하고 메릴린치Merrill Lynch가 뱅크 오브 아메리카Bank of
America, BofA에 매각되었다는 속보가 타진되었다. 은행 파산이 계속되
자 얼마 후인 11월 23일 미국 정부는 씨티그룹Citigroup에 약 3,000억
달러를 보증하고, 약 450억 달러의 공적자금을 투입하기로 결정했
다.* 그러나 위기는 전염병처럼 전 세계로 퍼져나가 아이슬란드나
아일랜드 등 금융 산업 의존도가 높은 국가들은 국가부도 사태를 맞
았으며, 우리나라는 코스피 지수가 890선까지 폭락하기도 했다.

글로벌 금융 위기의 원인을 몇 마디로 정리하는 것은 어려운 일
이다. 그러나 위기의 시발점이 '서브프라임 모기지Sub-prime Mortgage'라
는 데는 대부분 이견이 없다. 모기지론Mortgage Loan을 우리나라에서

---

* 당시 씨티그룹은 시가총액 약 7,000억 달러로 2008년 10월 말 기준 대한민국 전체 상장기업 시가총액보
다도 큰 세계 최대의 은행이었음

통용되는 개념으로 이해하자면 '주택담보대출'이다. 이러한 모기지 론 대출을 받는 사람을 신용도에 따라 '프라임Prime' '알트에이Alt-A' '서 브프라임Sub-Prime'(왼쪽부터 높은 등급)으로 구분하기 때문에 '서브프라임 모기지'는 '상대적으로 신용도가 낮은 사람들에게 실행된 주택담보대출'이라고 이해하면 된다.

은행은 이처럼 실행된 대출 중 만기와 위험이 유사한 대출을 묶어 자산유동화증권Asset-Backed Securities, ABS 형태로 발행하고, 미국의 페니메이Fannie Mae와 프레디 맥Freddie Mac 같은 보증 기관이 해당 증권의 보증을 서주면 상대적으로 고수익, 고위험을 추구하는 투자자들이 이를 사가게 된다. 즉 일반 고객들이 주택을 구입하기 위해 은행에서 돈을 빌리면 그 위험은 은행과 보증 기관, 투자자들이 나누어 부담하는 형태였다.

여기까지만 해도 머리가 아픈데 투자은행들이 모기지 은행으로부터 구입한 주택유동화증권Mortgage Backed Securities, MBS을 기초자산으로 부채담보부증권Collateralized Debt Obligation, CDO을 발행하면서 문제는 더욱 복잡해졌다. 이 CDO 안에는 여러 등급의 채권이 뒤섞여 있었는데, 당시 S&P 같은 신용평가 기관들의 도덕적 해이로 인해 낮은 신용등급을 받아 마땅한 채권도 높은 등급을 받는 일이 비일비재했다고 한다. 글로벌 금융 위기를 다룬 영화 〈빅쇼트〉에서는 이러한 채권들이 뒤섞여 만들어진 CDO를 '상한 해산물로 만들어진 스튜'에 빗대는 장면이 나온다.

특히 'AIG'를 비롯한 대형 금융회사들이 후순위 CDO(현금 지급순

위가 낮은 대신 높은 수익률을 약속하는 증권)의 위험성을 줄이기 위해 신용부도스와프^{Credit Default Swap, CDS}를 대규모로 발행하기 시작하면서 상황은 걷잡을 수 없게 흘러갔다. 신용부도스와프란 말 그대로 부도 위험^{Credit Default}을 서로 교환할 수 있도록 만들어진 파생금융상품이다.

예컨대 AIG가 골드만삭스^{Goldman Sachs}에 CDS를 판매하면 골드만삭스는 부도 위험을 AIG에 떠넘긴 대가로 주기적으로 보증료를 지불하게 되며, AIG는 채권이 부도가 나지 않으면 돈을 벌지만 부도가 나면 계약 시 정해진 손실보장금액만큼을 골드만삭스에 지불해야 한다. 즉 부도 위험 자체를 사고팔 수 있게 만든 상품이라고 이해하면 된다.

여기까지의 상황을 보면 맨 처음 서브프라임 모기지론을 실행한 사람이 대출을 갚지 못할 때 뒤이어 발생할 수 있는 위험은 도대체 어떤 경로를 거쳐 누구에게 전이될 것인지 아리송할 것이다. 실제로 미국 정부와 금융권, 많은 경제학자도 제대로 파악하지 못하는 사이에 위기의 씨앗은 보이지 않는 곳에서 점점 커져가고 있었다.

2000년대 초부터 시작된 '2조 달러 주택금융자금 지원사업'과 당시 미국 연방준비은행(이하 연준)의 저금리 기조하에서 지속적으로 커져가던 미국 주택 시장 버블은 2007년 1월에 정점을 찍고, 2007년 중반에는 전년 대비 10% 정도의 하락을 보였다.[*] 그 결과 서브프라

---

* S&P/CS 20-CITY 지수 기준. 흔히 '케이스쉴러 주택가격지수'로 번역되며 미국의 주거용 부동산 가치 변화를 추적하는 지수

임 모기지 부문의 부실이 커지면서 이와 관련된 금융 기관들이 도미노처럼 파산하게 되었고, 이는 결국 미국 금융 시스템 선반의 위기로 번졌다.

이 과정에서 그간 월가의 대형 금융회사들이 보여온 도덕적 해이가 일반 국민에게 알려지면서 기존 금융권에 대한 불신이 극에 달한다. 일례로 CDS를 대규모로 판매하다가 파산 위기에 직면한 AIG가 국민의 세금으로 조성된 약 1,820억 달러의 공적자금을 지원받게 된 상황에서 임직원들에게 약 12억 달러라는 천문학적 규모의 보너스를 집행한 일이 밝혀졌었다. 결국 AIG는 미국 민주당 주도의 '부당 보너스 환수법'의 철퇴를 맞았고, 지속적으로 축적된 기존 금융권에 대한 불신은 이후 2011년 '월가를 점령하라!Occupy Wall Street' 시위로 이어지게 된다.

비트코인, 중개인 없는 금융 시스템의 등장

앞의 내용을 보자면 2008년 금융 위기 당시에 대한 기억이 없는 사람이라도 당시 분위기는 짐작될 것이다. 우리는 금융 기관을 믿기 때문에 소중한 재산을 맡기고, 금융 기관에 대한 신뢰를 바탕으로 다양한 금융 거래를 진행한다. 그런데 모기지 은행은 제대로 된 담보 가치 평가 없이 신용도가 낮은 사람에게도 대출을 내어주고, 투자은행은 이를 토대로 복잡한 구조의 파생금융상품을 만들어 마구잡이로 상품을 팔았다. 신용평가회사는 부실채권에 높은 신용등급을 매겼으며, 이러한 고위험 투자 끝에 파산한 금융 기관들을 국민의 세금을 이용해 구제해주는 상황, 이것이 당시 미국 국민의 눈에 비친 금융권의 모습이었다.

따라서 금융 기관이 대중의 신뢰를 잃은 당시 상황이야말로 중개인이 필요 없는 새로운 금융 시스템이 세상에 모습을 드러내기에 최적의 타이밍이었다. 그리고 2008년 10월 31일 사토시 나카모토 Satoshi Nakamoto라는 익명의 개발자 또는 개발자 집단이 비트코인 백서 * '비트코인: 개인 대 개인 전자 화폐 시스템Bitcoin: A Peer to Peer Electronic Cash System'을 인터넷상에 최초로 공개한다.

비트코인이 이전의 암호화폐 시스템과 구별되는 점은 바로 '개인 대 개인', 즉 중개인이 없는 1:1 거래가 가능하다는 점이다. 백서의 서론에는 다음과 같은 표현이 나온다. "인터넷 거래의 전자 결제는 신뢰성을 보장하는 제3자인 금융 기관에 전적으로 의존하고 있다. …(중략)… 우리에게 필요한 것은 신뢰를 대신하는 암호학적 증명에 기반해 거래 의사가 있는 두 당사자가 신뢰받는 제3자를 필요로 하지 않고 서로 직접 거래하게 해주는 암호화폐 시스템이다."

이 말을 이해하기 위해서는 현재 금융 시스템에서 거래가 어떻게 이루어지는지 잠깐 알아볼 필요가 있다(금융 시스템은 굉장히 복잡하지만, 거래를 원하는 'A, B'와 모든 거래를 담당하는 '은행'이 있다고 축약해보자).

여기 A가 B에게 1만 원을 송금하려 한다. 이때 송금 과정은 다음과 같은 과정을 거친다.

1. A가 은행에 1만 원 송금 요청을 보낸다.

---

* 한 대상에 대해서 분석한 미래 전망 보고서이며, 해당 백서는 비트코인의 백서를 다루고 있음

■ 은행을 이용해 A가 B에게 송금하는 과정

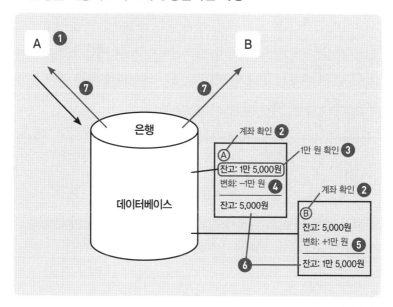

출처: 저자 정리

2. 은행은 A, B의 계좌의 존재를 확인한다.

3. A의 잔액이 1만 원을 넘는지 확인한다.

4. A의 잔액 −1만 원

5. B의 잔액 +1만 원

6. 은행의 데이터베이스에 4, 5를 묶어서 기록한다.

7. 은행은 A, B에게 잔고 변경(송금)에 대한 사실을 알리고 A, B 각각 확인한다.

　여기서 중요한 사실은 A가 B에게 송금을 요청해서 은행이 그 요청을 실행하더라도 실제로는 현금이 이동하는 것이 아니라, 은행의 데이터베이스에 저장된 값이 바뀌는 것일 뿐이라는 점이다.

그런데 거래의 당사자들이 은행을 믿지 못한다면 해당 거래가 순조롭게 이루어질 수 있을까? 은행이 혹은 익명의 해커가 몰래 데이터베이스에 저장된 거래정보를 위조하거나 삭제한다면 평생 모은 내 소중한 재산이 사라질 수도 있지 않을까?

사토시 나카모토는 이러한 의문에 대해 지금까지 존재하지 않았던 새로운 해법을 제시한다. 은행이 아니라 원하는 사람 누구나 데이터베이스(거래원장)을 서버에 저장하고, 언제든지 거래내역을 확인할 수 있게 하면 어떨까? 그렇다면 은행이 없어도 개인 대 개인으로 송금이나 결제와 같은 금융 거래를 할 수 있지 않을까?

비트코인으로 살펴본
블록체인 기술

은행 없는 금융 거래의 과정을 이해하기 위해서는 먼저 은행이 무슨 일을 하는지 알아야 한다. 앞에서 살펴본 바와 같이 은행은 안정적인 금융 시스템의 유지를 위해 다음과 같은 두 가지 일을 한다. 첫째, 금융 거래내역이 담긴 장부를 안전하게 보관한다. 즉 누가 누구에게 돈을 보냈는지, 누가 얼마의 돈을 가지고 있는지 등의 정보를 은행의 중앙 서버에 보관한다. 둘째, 거래내역에 문제가 없는지 검증한다. 새로운 거래요청이 들어올 때 돈을 중복해 사용하지 않았는지, 잔고보다 많은 돈을 쓴 것은 아닌지 등을 확인한다.

따라서 은행 없는 금융 거래를 위해서는 이러한 두 가지 일을 특정한 단일 주체가 아닌 누군가가 대신 수행해야 한다. 사실 앞에서 설명한 데이비드 차움을 비롯한 수많은 사람이 이 문제를 풀기 위해 노력해왔지만 그 누구도 문제를 풀지 못했다. 그런데 사토시 나카모토는 9페이지짜리 논문에서 이 문제에 대한 해결책을 제시했고, 이 해결책을 실제로 인터넷상에 구현했다.

실제 논문은 여러 수학적 개념이 등장하므로 이해하기가 매우 어렵다. 간단한 비유를 이용해 비트코인의 개념을 살펴보기로 하고, 자세한 내용은 1장 '레벨업'에서 다루도록 하겠다.

금융 거래내역이 담긴 장부의 분산 보관

블록체인은 거래내역 확인을 희망하는 모든 사람에게 동일한 내역의 장부를 나누어준다. 이 글을 읽는 독자 누구라도 원한다면 '비트코인 장부Full node'를 개인 컴퓨터에 다운로드해 저장할 수 있다. 이 장부는 일정 시간 동안 거래내역이 쌓이면 업데이트가 되는데, 이 업데이트로 추가되는 거래내역의 묶음을 '블록block'이라고 한다. 전 세계의 모든 장부(이하 노드node* 라고 부른다)는 거의 동시에 업데이트, 즉 동기화되면서 동일한 거래내역을 담게 된다.**

---

* 2023년 8월 기준 비트코인 풀 노드의 용량은 약 570GB 정도이며 전 세계의 노드 수는 약 1만 7,000개임
** 비트코인 네트워크는 약 10분마다 1번씩 거래내역을 업데이트하는데, 이는 전 세계에 흩어져 있는 비트코인 노드가 인터넷망을 이용해 블록을 전파하고 검증하는 데 필요한 시간을 감안한 것임

각 블록의 내용은 모두 '봉인'되어 있다. 누군가 블록 내에 담긴 거래내역을 변경하면 '봉인'이 풀리면서 진짜 장부로 인정받지 못하게 된다. 게다가 이 봉인은 한 블록에만 해당하는 것이 아니라 모든 블록에 영향을 주기 때문에 한 블록의 내용이 변경되면 그 뒤로 연결된 블록은 모두 봉인이 풀린다. 따라서 이 장부는 한번 기록된 후에는 변경이나 삭제가 불가능한 특성을 가진다. 이와 같은 특성 때문에 블록이 '연결chain'되어 있으므로 '블록체인'이라는 이름으로 불리게 되었다.

거래내역의 검증과
블록의 전파

우리가 장부를 믿고 거래하기 위해서는 거래내역이 확실히 맞다는 검증이 필요하다. 검증 자체는 어렵지 않다. 컴퓨터가 거래기록을 분석해 같은 돈을 2번 보낸 거래나, 잔고가 1만 원뿐인데 2만 원을 보내는 거래 등을 걸러내면 된다.

중요한 것은 '누가 거래내역을 검증하고 블록을 전파할 것인가?'다. 비트코인을 비롯한 블록체인 시스템에서는 이를 '일종의 제비뽑기'에 의해 '그 누구'를 결정하도록 하고 있다. 여기서 중요한 것은 '악의를 가진 누군가'가 잘못된 거래내역을 전파하지 않도록 안전장치를 마련하는 것이다.

비트코인은 두 가지의 안전장치를 마련해두고 있다. 첫째, 제비뽑기를 할 때 '비용'이 발생하도록 만든다. 비트코인은 각 노드가 컴퓨팅 파워를 사용해 일종의 퀴즈를 풀도록 유도하고, 가장 빨리 퀴즈를 풀어낸 노드에게 거래내역 검증과 블록 전파를 할 수 있는 권한을 준다. 더 강력한 컴퓨팅 파워를 더 긴 시간 동안 활용할수록 이 권한을 획득할 가능성은 증가한다.

둘째, 제비뽑기에 당첨된 사람에게는 네트워크의 가치에 연동되는 보상을 준다. 예를 들어 비트코인 네트워크는 2009년 등장 당시에 블록 생성 권한을 획득한 노드에게 10분마다 50BTC를 보상했지만, 현재는 10분마다 6.25BTC을 보상한다.* 그러나 현재 비트코인 네트워크의 가치는 2009년 당시와는 비교도 할 수 없을 정도로 커졌기 때문에 보상의 가치 또한 훨씬 커졌다.

만약 잘못된 거래내역이 전파되어 비트코인 네트워크의 가치가 폭락한다면 내가 받을 보상의 가치도 폭락할 것이므로 모든 노드는 정직하게 거래내역을 검증하고 블록을 전파할 유인을 가진다. 한 가지 강조하고 싶은 것은 설사 악의를 가진 어떤 노드가 검증 권한을 획득해 잘못된 거래내역을 전파하더라도 그 거래내역을 전송받은 다수의 정직한 노드가 간단한 계산만으로 이 거래내역이 잘못되었다는 것을 간파하고 이전 블록에 연결하는 것을 거부할 것이라는 점

---

* 검증의 권한을 획득에 따른 보상의 크기는 4년마다 절반으로 줄어들도록 프로그래밍되어 있으며, 이는 사토시 나카모토가 인플레이션으로부터 자유로운 화폐를 만들고자 한 의도임

이다.*

　사실 블록체인 기술에 대해 전부 이해하지 못하더라도 이 부분을
이해한다면 다음 내용으로 넘어가는 데 큰 문제가 없다. 즉 '디지털
자산의 가치는 블록체인 네트워크의 가치에 비례한다'라는 명제다.

---

* 일부에서는 비트코인 노드의 51% 이상을 점유해 잘못된 거래내역을 다수 노드가 승인하는 '51% 공격'이 발
생하면 비트코인 네트워크가 붕괴되는 것처럼 이야기하지만, 비트코인 노드의 51% 이상을 점유하더라도
기존의 거래내역을 바꾸는 것은 불가능하며, 이후의 잘못된 거래(이중 지불)을 승인하는 정도만 가능함

사토시 나카모토가 적어낸
블록체인의 본질적 가치

블록체인에 대해 더 자세히 알아가기에 앞서 잠시 디지털자산 업계의 사람이라면, 디지털자산 투자에 종사하는 사람이라면 모를 수 없는 사토시 나카모토가 과거에 작성한 글을 확인해보자.

■ 사토시 나카모토가 작성한 글의 번역 1

사토시 나카모토 작성, 이메일 발췌
Re: Bitcoin does NOT violate Mises' Regression Theorem
2010-08-27 17:32:07

As a thought experiment, imagine there was a base metal as scarce as gold but with the following properties:

(머릿속으로 실험을 하나 해보죠. 금만큼 희귀하지만 다음과 같은 성질을 가진 기본 금속이 있다고 상상해보세요.)

- boring grey in colour(따분한 회색)
- not a good conductor of electricity(전기 전도성이 좋지 않음)
- not particularly strong, but not ductile or easily malleable either(특별히 단단하지도 않고, 그렇다고 펴서 가공하기도 쉽지 않음)
- not useful for any practical or ornamental purpose(실용적이지도 않고 장신구 용도로도 쓸모가 없음)

and one special, magical property(그러나 마법 같은 특별한 속성 하나를 가지고 있습니다.)
- can be transported over a communications channel(통신 채널을 이용해 전송 가능)

If it somehow acquired any value at all for whatever reason, then anyone wanting to transfer wealth over a long distance could buy some, transmit it, and have the recipient sell it.
Maybe it could get an initial value circularly as you've suggested, by people foreseeing its potential usefulness for exchange.
(이 금속이 어떤 이유에서든 가치를 가지게 된다면, 자신의 부를 먼 거리로 전송하고 싶어하는 사람은 이 금속을 사서 전송하고 수취인이 그것을 팔도록 할 수 있을 것입니다. 교환에 대한 그 금속의 잠재적 유용성을 예상한 사람들에 의해 당신이 제안한 것과 같이 순환적으로 초기 가격을 얻을 수 있을지도 모릅니다. …이하 생략)

출처: 사토시 나카모토, 『사토시의 서』(필 샴페인 저, 한빛미디어, 2021)

이 글은 사토시 나카모토가 2010년경에 비트코인에 대해 전 세계의 사람들과 주고받은 메일 내용 중 일부다. 비트코인의 소스코드는 온라인상에 공개되어 있는데, 초기 사토시 나카모토는 자신이 공개한 비트코인 소스코드에 대해 여러 사람과 이메일을 교환하며 다른 사람의 이해를 돕거나 코드의 오류를 수정해가기도 했다.

사토시는 비트코인이 현재와 같이 엄청난 성공을 거두리라고는 예상하지 못한 것으로 보인다. 오히려 초기 가격이 형성되지 않아 충분한 수의 참여자, 즉 노드를 확보하지 못할 수도 있다는 우려를 하는 모습도 엿볼 수 있다.

■ 사토시 나카모토가 작성한 글의 번역 2

사토시 나카모토 작성, 이메일 발췌, 개빈 안드레센의 메일에 대한 답변
Re: Get 5 free bitcoins from freebitcoins.appspot.com
2010-06-18 23:08:34

Gavin Andresen(개빈 안드레센)
2010-06-11 05:38:45

For my first Bitcoin coding project, I decided to do something that sounds really dumb: I created a web site that gives away Bitcoins. It is at: https://freebitcoins.appspot.com/
(첫 비트코인 코딩프로젝트로 정말 바보같이 보일 어떤 일을 해보기로 결심했습니다. 그것은 비트코인을 나누어주는 웹사이트를 만드는 것입니다. 바로 http://freebitcoins.appspot.com/입니다.)

Five ฿ per customer, first come first served, I've stocked it with ฿1,100 to start. I'll add more once I'm sure it is working properly.
(여기서는 고객당 5비트코인씩 선착순으로 드립니다. 우선 1,100비트코인을 넣어두었습니다. 제대로 작동한다는 것이 확인되면 더 추가할 예정입니다.)

Why? Because I want the Bitcoin project to succeed, and I think it is more likely to be a success if people can get a handful of coins to try it out. It can be frustrating to wait until your node generates some coins (and that will get more frustrating in the future), and buying Bitcoins is still a little bit clunky.
(왜냐고요? 비트코인 프로젝트가 성공하길 바라니까요. 사람들이 먼저 사용해볼 수 있도록 코인을 한 움큼 쥐여주면 성공 가능성이 더 높아질 것이라고 생각합니다. …이하 생략)

Excellent choice of a first project, nice work. I had planned to do this exact thing if someone else didn't do it, so when it gets too hard for mortals to generate 50BTC, new users could get some coins to play with right away. Donations should be able to keep it filled. The display showing the balance in the dispenser encourages people to top it up.
(첫 프로젝트로 훌륭한 선택이네요. 잘하셨습니다. 아무도 나서지 않으면 제가 하려고 생각했던 게 바로 이것이었습니다. …이하 생략)

출처: 사토시 나카모토, 『사토시의 서』(필 샴페인 저, 한빛미디어, 2021)

참고로 개빈 안드레센Gavin Andresen은 이후 비트코인 재단의 수석 개발자로 공헌했고 지캐시ZEC 같은 여러 블록체인 프로젝트의 고문을 맡기도 했으며, 사토시 나카모토 본인이 아니냐는 의심을 받기도 했다.

메일에서 본 것처럼 사토시 나카모토는 2009년부터 2010년 말까지 메일과 포럼에 남긴 글 등을 이용해 여러 사람과 활발하게 의견을 교환하며 비트코인에 대한 사람들의 이해를 돕고, 뜻이 맞는 사람들과 함께 비트코인의 오류를 개선해가는 작업을 했다. 그리고

2010년 12월을 끝으로 사토시는 인터넷상에서의 활동을 멈추고 사라진다. 아마 그가 구상했던 중개인 없이 구동 가능한 금융 시스템이 충분히 궤도에 올랐다고 판단한 것이 아닐까?

다음 글은 비트코인이 세상에 등장한 후 얼마 지나지 않아 사토시 나카모토가 'P2P 파운데이션p2pfoundation'이라는 포럼에 작성한 소개문이다. 사토시가 남긴 글 중에서 드물게 기존의 중앙화된 금융 시스템에 대한 불신이 강하게 담겨 있다.

■ 사토시 나카모토가 작성한 글의 번역 3

사토시 나카모토
2009-02-11 22:27

-전략-

The root problem with conventional currency is all the trust that's required to make it work. The central bank must be trusted not to debase the currency, but the history of fiat currencies is full of breaches of that trust. Banks must be trusted to hold our money and transfer it electronically, but they lend it out in waves of credit bubbles with barely a fraction in reserve. We have to trust them with our privacy, trust them not to let identity thieves drain our accounts.

(기존 통화의 근본적인 문제는 시스템이 돌아가도록 하는 데 신뢰가 필요하다는 점입니다. 중앙은행은 화폐의 가치를 유지하기 위해 신뢰를 얻어야 하지만, 명목화폐의 역사에는 그러한 신뢰가 무너지는 상황이 비일비재했습니다. 은행은 돈을 보유하고 온라인으로 송금하는 데 신뢰를 얻어야 하지만, 지불 준비금도 거의 남겨두지 않은 채로 신용 버블 속에서 대출을 남발합니다. 우리는 은행에 개인정보를 맡겨야 하고, 은행 계좌가 개

인정보를 도용하려는 사람들에게 넘어가지 않을 것임을 믿어야 합니다.)

-중략-

Bitcoin's solution is to use a peer-to-peer network to check for double-spending. In a nutshell, the network works like a distributed timestamp server, stamping the first transaction to spend a coin. It takes advantage of the nature of information being easy to spread but hard to stifle. For details on how it works, see the design paper at http://www.bitcoin.org/bitcoin. pdf

(비트코인의 해법은 P2P 네트워크를 사용해 이중 지불을 확인하는 것입니다. 쉽게 설명하면 네트워크는 분산형 타임스탬프 서버처럼 작동하면서 코인을 소비한 첫 번째 트랜잭션에 도장을 찍습니다. 확산시키는 것은 쉽지만 억제하는 것은 어렵다는 정보의 속성을 활용한 것입니다. 동작 방식에 대한 자세한 설명은 설계 문서 http://www.bitcoin. org/bitcoin.pdf를 확인하기 바랍니다.)

The result is a distributed system with no single point of failure. Users hold the crypto keys to their own money and transact directly with each other, with the help of the P2P network to check for double-spending.

(그렇게 해서 나온 결과가 단일 오류 발생 지점이 없는 분산형 시스템입니다. 사용자는 자신의 돈에 대한 암호화 키를 소유하고, 이중 지불을 감시하는 P2P 네트워크의 도움을 받아 서로에게 직접 돈을 보냅니다.)

출처: 사토시 나카모토, 『사토시의 서』(필 샴페인 저, 한빛미디어, 2021)

이쯤에서 기존 금융 시스템의 세 가지 문제점(화폐 가치의 지속적 하락, 거래기록의 위변조 가능성, 잠재적 프라이버시 침해)을 다시 한번 살펴보자. 비트코인은 이 세 가지 문제를 상당히 훌륭하게 해결해낸 것으로 보인다. 첫째, 비트코인의 최대 발행량은 2,100만 개로 정해져 있으며, 이는 특정 인물이나 세력(사토시 나카모토 본인을 포함한)이 임의로 변경할 수 없다. 금이나 은과 같은 귀금속과 유사하게 공급이 한정되어 있기 때문에 수요 측면 요인에 의해 가격이 주로 결정된다. 적어도 현재까지는 대부분의 법정화폐와 달리(상당히 큰 폭의 등락은 있었지만) 비트코인의 가치는 지속적으로 상승해왔다.

둘째, 2009년 1월 3일 제네시스 블록Genesis Block(비트코인의 첫 번째 블록)의 등장부터 블록체인의 네트워크는 한 번도 멈추지 않고 거래기록의 위변조 없이 현재까지 정상적으로 작동하고 있다. 캐나다 출신의 세계적인 석학이자 『블록체인 혁명』의 저자인 돈 탭스콧Don Tapscott은 "블록체인을 해킹하는 것은 치킨 맥너겟을 다시 살아 있는 닭으로 돌려놓는 것과 같다"라고 비유했다.

셋째, 비트코인을 주고받을 때도 거래 당사자는 비트코인 네트워크에 어떠한 정보를 제공하지 않는다. 구글에 비트코인 익스플로러 Bitcoin Explorer라고 검색하면 비트코인 거래내역을 실시간으로 확인할 수 있는 웹사이트에 접속할 수 있다. 이곳에서 송금인과 수취인의 주소address와 송금액, 송금시간 등의 정보를 확인할 수 있다.

반면 분산원장의 특성상 모든 거래내역이 공개되기 때문에 특정 주소가 특정인의 것임이 밝혀지면 누구라도 쉽게 그 사람의 과거 모든 비트코인 거래내역을 알아낼 수 있다. 이러한 특성은 블록체인 기술을 금융 분야에 적용하는 데 있어 몇 가지 문제를 일으킬 수 있다.

비트코인 등장 이후 블록체인의 발전

앞에서 살펴본 바와 같이 비트코인 네트워크는 인터넷상에서 2023년 8월 기준 전 세계 약 1만 7,000개의 노드의 컴퓨팅 파워에 의해 24시간 쉬지 않고 가치를 안전하게 저장하고 있으며, 전 세계 어디든 P2P^Peer-to-Peer 네트워크를 이용해 가치를 전송하고 있다. 인터넷이 존재하고 비트코인의 가치가 존재하는 지금, 인류는 역사상 최초로 어떠한 제3자의 중개 없이 작동하는 전 세계적인 금융 인프라인 '가치의 인터넷'을 구현해내는 데 성공한 것이다. 그리고 비트코인은 모든 소스코드가 공개되어 있는 오픈소스, 즉 누구나 변경 및 발전시킬 수 있는 소프트웨어이므로 비트코인의 성공 이후 수많은 블록체인 프로젝트가 쏟아지게 된다.

비트코인은 송금이나 결제와 같은 금융 거래의 목적으로 만들어진 '블록체인'이다. 그리고 비트코인과 같은 형식의 금융 거래 목적으로만 활용할 수 있는 코인들을 가리켜 '1세대 블록체인'이라고 한다. 금융 거래를 주목적으로 하는 1세대 블록체인은 우리에게 제3자의 신뢰 없이 블록체인이라는 기술의 시스템을 신뢰함으로써 글로벌 규모에서 안전한 거래를 할 수 있다는 기대를 준다. 1세대 블록체인에는 비트코인을 포함해 '라이트코인LTC' '비트코인캐시BCH' 등이 포함된다.

하지만 한 가지 의문이 생긴다. 왜 금융 시스템에만 이 블록체인이라는 기술을 활용해야 할까? 우리가 앞에서 본 블록체인을 보면 '전자 서명된 수많은 거래정보'를 다루고 있는데, 이 부분에서 말하는 거래가 단순히 'A가 B에게 1BTC 송금'이라는 내용만 담아야 할 이유가 있을까?

이 의문을 해소하기 위해 탄생한 개념이 바로 '스마트 콘트랙트Smart Contract'다. 스마트 콘트랙트는 거래에 있어서 기존 비트코인에서 가능한 금융 거래뿐만 아니라, 다양한 거래를 코드로 구현할 수 있게 만들어 기록을 가능하게 해준다. 즉 다양한 콘트랙트를 블록체인상에서 진행하는 것이다. 이를 쉽게 말하자면 '블록 안에 코드를 삽입하는 것'과 같다.

스마트 콘트랙트의 등장은 이더리움ETH의 탄생과 관련이 있다. 이더리움의 창시자 비탈릭 부테린Vitalik Buterin은 본래 비트코인 네트워크 개발자였다. 2013년 비탈릭 부테린은 비트코인 기술을 활용해 스마트 콘트랙트를 구현했고, 이를 비트코인의 메인넷[*]에 적용하기를 원했다. 그러나 비트코인 커뮤니티에서 비탈릭 부테린의 요청에 대한 반발이 심하자 비트코인을 '포크^{**}'하고 스마트 콘트랙트를 구현한 이더리움을 만들었다.

이러한 스마트 콘트랙트의 등장으로 블록체인은 거래뿐만 아니라 하나의 분산 컴퓨팅 플랫폼으로서 작동할 수 있게 된다. 스마트 콘트랙트를 구현한 이더리움은 블록체인이 수행할 수 있는 역할의 범주를 완전히 넓혔다는 점에서 새로운 세대로 정의하고, 이를 '2세대 블록체인'이라 한다.

■ **세대별 블록체인 기능과 해당 코인**

1세대 코인: 금융 거래	2세대 코인: 플랫폼	3세대 코인
비트코인(BTC)	이더리움(ETH)	에이다(ADA)
도지 코인(DOGE)	↓	폴카닷(DOT)
리플(XRP)	**이더리움 토큰: 디앱**	솔라나(SOL)
비트코인캐시(BCH)	유니스왑(UNI)	트론(TRX)
라이트코인(LTC)	세타(THETA)	이오스(EOS)
모네로(XMR)	파일코인(FIL)	알고랜드(ALGO)

▶ ( ) 안은 티커를 뜻한다.

출처: 코인마켓캡CoinMarketCap

---

* 블록체인을 실제로 출시했을 때 운영한 네트워크이며 암호화폐 거래소, 개인 지갑 거래 간 정보 처리 생태계를 구성함
** 프로그램의 특정 시점의 상태를 그대로 복제하는 것

그 이후에는 소위 '이더리움 킬러'라고 불리는 블록체인이 대거 등장한다. 이더리움보다 더 높은 TPS^Transaction Per Second(초당 거래 수), 더 많은 처리용량, 더 적은 수수료를 내세우며 '솔라나^SOL' '폴카닷^DOT'등 다양한 블록체인이 등장했다. 이들을 '3세대 블록체인'이라 한다.

여기까지는 디지털자산 투자에 필요한 최소한의 기술적 지식만을 다루었다. 다만 블록체인 기술에 대한 깊이 있는 내용을 알고 싶은 독자라면 다음의 '레벨업' 내용을 정독하면 도움이 될 것이다.

LEVEL UP

블록체인을 구성하는 주요 기술

미국 최대 규모의 블록체인 솔루션 기업인 팍소스Paxos의 엔지니어링 블로그Engineering Blog에 기재된 글을 보면 블록체인을 구성하는 주요 기술은 크게 6가지로 정리할 수 있다.

1. 비대칭 암호화(전자 서명)

2. 해시함수

3. 머클 트리

4. Key-Value 데이터베이스

5. P2P 커뮤니케이션 프로토콜(P2P 네트워크)

6. 작업증명(PoW)

이번 '레벨업'에서는 비트코인 그리고 다양한 블록체인이 작동하는 과정을 이해하기 위해 Key-Value 데이터베이스를 제외한 5가지 기술에 대해서 설명하고자 한다. 추가적으로 작업증명에 대한 부분에서는 작업증명과 동일한 역할을 하는 여러 '컨센서스(합의) 알고리즘'을 함께 설명할 것이다. '레벨업'의 내용을 순서내로 따라가면 블록체인이 어떻게 신뢰받는 제3자를 기술로 구현해냈는지, 블록체인이 어떤 구조로 작동하는지 이해할 수 있을 것이다.

안전한 증명 수단, 전자 서명

첫 번째로 설명할 기술은 전자 서명으로, 이는 '트랜잭션(트랜잭션은 데이터베이스에서 일어나는 변화의 가장 작은 단위를 의미한다. 책에서는 '블록체인상에서의 거래 하나'를 뜻하며, 약자로 'Tx'로 표현하기도 한다)' 하나에 대한 보안성을 갖추기 위해 적용되는 기술이라고 할 수 있다.

전자 서명은 인터넷상에서 특정 기록을 내가 작성했음을 증명하기 위한(그리고 다른 사람이 확인할 수 있게 하는) 기술이다. 비트코인이 탄생하기 이전부터 존재했던 개념이며 현재 금융 시스템에도 적용되어 있는 기술이다.

전자 서명을 실현하기 위해서는 서로 다른 2개의 키가 필요하다. 이 2개의 키를 각각 공개키와 개인키라고 하고, 이 둘은 암호학적으로 연결되어 있다. 공개키는 모두에게 공개되는 반면에 개인키는 타인과 절대 공유해서는 안 된다. 개인키를 암호화해 공개키를 얻을 수 있지만, 공개키로는 개인키를 얻을 수 없으므로 공개키는 공개되

■ 공개키와 개인키 암호화

비대칭 키

개인키: 46864B ············· KI14

↳ 암호화

↳ 공개키: B417064BA ······ CDE17

공개키

개인키

출처: 저자 정리

어도 보안상 문제가 생기지 않는다. 공개키가 은행의 '계좌번호'와 비슷하고 개인키가 은행의 'PIN 넘버'와 비슷하다고 할 수 있다.

이 두 키를 이용해 전자 서명을 실현하는 과정은 다음과 같다. 내가 개인키를 이용해 '사랑해' 기록을 남긴다고 가정해보자. 이를 암호화(일반적으로 해싱*이라고 한다)한다. 그리고 이것을 개인키를 이용해 한 번 더 암호화한 후, 상대방에게 원본 데이터와 함께 보낸다. 그러면 상대방은 전달받은 기록 중 암호화된 기록은 공개키를 사용해 복호화하고, 원본은 한 차례 암호화를 수행한다. 이 둘이 동일한 결과를 보인다면 상대방은 내가 기록한 것이 맞다는 사실을 확인할 수 있는 것이다.

이러한 방식으로 '거래 하나에 대한 보안성과 무결성'을 얻을 수 있다. 추가적으로 개인키와 공개키가 곧 신원이 되므로 '익명성' 또한

---

* 디지털 정보의 숫자열 본래의 내용에 대응하는 짧은 길이의 값이나 키로 변환하는 것

■ **전자 서명 실현 과정**

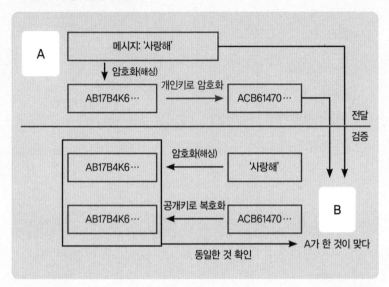

얻는다. 이름 대신 공개키(정확히는 공개 주소)를 쓰면 되기 때문이다.

암호학적
해시함수

해시함수란 특정 데이터를 '일정한 길이의 값'으로 바꾸어주는 함
수다. 해시함수는 엄청나게 작은 문자(한 자릿수의 문자)나, 엄청나
게 큰 문자(수천 자릿수의 문자)를 입력해도 동일한 값을 내보낸다.

예컨대 '블록체인' 단어를 SHA-256(대표적인 해시함수)에 입력하면 '7B25DC0DEBE2BB…'라는 결과를 얻을 수 있다. 이 결괏값을 '해시 값'이라고 한다.

해시함수의 또 다른 특징은 데이터가 조금만 수정되어도 결괏값에 엄청난 변화가 나타난다는 점이다. 만약 '블록체인'의 '체' 부분이 바뀐 '블록채인' 텍스트를 SHA-256 해시함수에 넣으면 '블록체인' 단어를 입력했을 때와는 전혀 다른 'C3A84C02D8BD2E7C7…' 라는 해시값이 출력된다. 그렇다면 해시함수는 어떻게 비트코인에 이용되었고, 어떻게 사람들이 비트코인을 신뢰할 수 있도록 도왔을까?

해시함수는 블록체인이 '체인'인 이유를 제공하고, 그 체인의 보안성을 만들어주었다. 하나의 빈 '블록'이 있다고 가정을 해보자. 여기에 블록이 만들어진 시간정보와 거래정보를 담는다. 거래정보가 기록되면 해시함수에 의해서 해시값이 나오고, 해당 블록의 해시값을 넣은 새로운 블록이 만들어진다. 그리고 생겨난 블록에 시간정보와 거래정보가 담긴다. 이러한 과정이 반복되면서 블록이 체인처럼 연결되는 것이고, 따라서 블록을 이어나가는 방법이 바로 해시함수에 있는 것이다. 해시함수를 거래기록들에 대한 선후 관계를 이용해 만든 이 방식을 본래 사토시는 '타임스탬프 서버'라고 불렀고, 이것이 바로 현재 블록체인의 시초다.

그렇다면 왜 블록을 만들어서 여러 개의 거래를 처리하는 걸까? 그 이유는 신뢰받는 제3자를 없애기 위해서는 기존보다 더 많은 프로세스가 소요되기 때문이다. 거래를 하나하나씩 확인하면서 확정

■ 블록체인 형성 과정

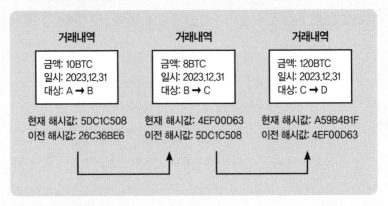

▶ BTC는 비트코인의 단위

출처: 저자 정리

을 짓기에는 시간이 너무나도 많이 소요되기 때문에 블록 단위로 여러 개의 거래를 한 번에 확정하는 것이다.

그림에서의 첫 번째 블록에 적힌 거래내역에서, 해커가 전송 대상을 A→B가 아닌 A→D로 수정하는 공격을 했다고 가정해보자. 이러한 상황에서 첫 번째 블록 안에서 거래내역에 수정이 일어났기 때문에 이 블록의 데이터에 대한 해시값 또한 바뀌게 된다. 그러면 이 다음 블록에 기록되어 있는 이전 블록의 해시값과 공격을 받은 블록의 해시값이 달라지기 때문에 블록에서 이상을 감지하게 된다. 그렇다면 노드들은 이 공격을 정상적으로 승인하지 않게 되면서 공격을 방어할 수 있는 것이다.

설령 다음 블록의 해시값도 수정을 했다고 하자. 그러면 그다음

■ 블록체인에서 발생한 오류

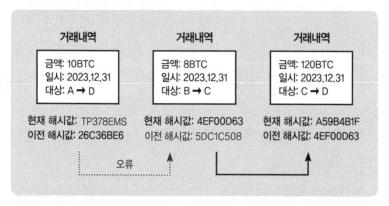

출처: 저자 정리

블록 또한 이전 블록과의 해시값이 안 맞으니 문제가 다시 발생한다. 즉 정보를 변경하면 어떻게든 이러한 오류가 계속 반복되는 것이다. 따라서 체인 가운데의 하나의 거래를 수정하기 위해서는 그 뒤의 모든 블록을 수정해야만 하고, 그것은 사실상 불가능에 가깝다. 해시함수는 이런 식으로 체인의 보안성을 강화한다.

블록 생성 권한을 부여하는 작업증명

그렇다면 여기서 중요한 질문이 생긴다. '저 블록은 누가 만드는가?' 비트코인 네트워크에 참여하는 여러 참여자가 존재하는데 누가 이

블록을 만들 것이며, 어떻게 참여자들이 자발적으로 이 네트워크를 위해 블록을 계속 만들게 유도할 것이냐는 문제가 남는다. 이것에 대한 해답이 작업증명이다. 작업증명이란 연산작업으로 올바른 블록을 만들었을 때 그 블록을 블록체인에 올릴 권한을 얻는 것이다. 여기서의 연산작업이란 '블록헤더(블록의 정보를 담고 있는 윗부분)의 해시값이 블록 안에 있는 목푯값보다 작은 값이 나오게 하는 임시값을 찾는 행위'를 말한다.

앞에서 해시함수를 알아보았다. 작업증명도 해시함수를 이용한다. 블록은 그 블록을 표현할 수 있는 대푯값 몇 개를 블록헤더에 저장한다. 블록헤더의 대푯값을 설명하는 그림에서의 각 대푯값 내용을 설명하면 다음과 같다. '버전'은 블록을 생성한 노드에서 이용한 소프트웨어의 버전이며, '비츠'는 채굴 난이도를 조절하는 값이며 임

■ **블록헤더의 대푯값**

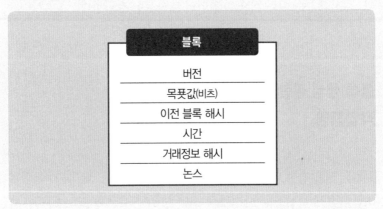

출처: 저자 정리

시값의 목푯값이다. '이전 블록 해시'는 이전 블록의 데이터를 해싱한 값이며, '시간'은 블록이 생성된 시간(타임스탬프)이고 '거래정보 해시'는 블록 내 거래들의 정보를 머클 트리 형식으로 담은 해시다. 마지막으로 '논스'는 작업증명을 위한 변수에 해당한다.

'임시값(논스)'을 제외한 모든 값은 블록을 만들 때 이미 정해져 있는 값이다. 유일하게 바뀔 수 있는 값이 임시값인데, 이 임시값에 '0'부터 시작해 '1' '2' '3' … '1,000' … '50만' 등 이렇게 하나하나씩 입력해 블록헤더의 해시값이 목푯값보다 작거나 같아지는 값을 찾는 게 작업증명이다. 그리고 목푯값에 가장 가까운 해시값을 나타내는 임시값을 제일 먼저 찾은 참여자에게 블록을 생성할 권한을 준다.

왜 하필 연산작업으로 블록을 만들 권한을 주는 작업증명을 하는 것일까? 이는 이 행위가 탈중앙성과 함께 체인의 지속가능성을 만들어주기 때문이다. 예를 들어 컴퓨터 IP당 블록 생성에 대한 투표권을 1개씩 제공한다고 가정해보자. 그렇게 되면 어느 한 개인이 다수의 IP를 이용해 블록 생성에 대한 투표권을 여러 개를 가지게 되면서 불평등을 만들 수 있고, VPN*처럼 예상해야 할 변수가 너무나도 많아지게 된다.

그렇기 때문에 연산작업을 이용해 많은 노동을 하는 참여자에게 권한을 주는 것이다. 그래서 작업증명이라 불리는 것이고, 블록을 만들 권한을 누군가에게 줄지 정하는 방식 중 하나로서 '합의(컨센서

---

* Virtual Private Network의 약자이며 방화벽이나 침입 탐지 시스템과 함께 널리 사용되는 정보 보안 네트워크

■ 작업증명 과정

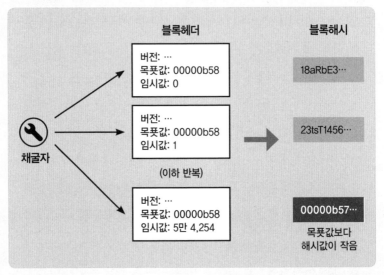

출처: 저자 정리

스) 알고리즘'이라고 말한다(블록을 만들 때 '가장 긴 체인에 연결해야 한다' 같은 추가적인 합의 알고리즘 내용이 있지만, 비트코인의 주요 구조를 이해하는 데는 생략해도 될 것이라 생각해 다루지 않았다. 관심이 있다면 '컨센서스'에 대한 내용을 찾아보길 바란다).

하지만 작업증명은 사용자가 계속해서 전력과 컴퓨팅 파워를 제공해야 하는 문제가 있다. 거래를 하기 위해서 전력과 컴퓨팅 파워를 지속해서 제공해야 하는 시스템을 사람들은 과연 사용하고 싶을까? 어떤 시스템보다 더 편리한 대체재(중앙화된 시스템)가 있으며, 시스템에 단점이 많을수록 해당 시스템을 이용하는 사람은 줄어들 수

■ 채굴된 비트코인 블록 속 거래기록

블록

```
Tx 0: 코인베이스 ➜ 채굴자
Tx 1:
Tx 2:
Tx 3:
```

출처: 저자 정리

밖에 없다. 비트코인 이전의 암호화폐들이 그러한 말로를 겪었듯이 말이다. 이러한 결과를 피하기 위해서 비트코인 네트워크는 블록을 생성하면 그 사람에게 일정한 양의 보상으로 비트코인을 준다. 이것이 바로 블록의 첫 번째 거래를 뜻하는 '코인베이스 거래'다. 미국의 디지털자산 거래소인 '코인베이스'도 이 단어를 이용해 사명을 만들었다.

채굴된 비트코인의 모든 블록에는 그림과 같이 수신자는 없지만, 블록을 생성한 송신자의 거래정보가 기록되어 있다. 이 시스템을 유지하기 위해 비트코인 채굴에 기여하는 참여자들에게 보상을 주어서 이 네트워크가 지속적으로 운영될 수 있도록 유도한다.

그리고 이러한 성질 때문에 이 작업증명 행위가 '채굴'이라고 불리게 된다. 광산에서 금을 캐는 광부들이 직접 금광에서 금을 캐듯, 참여자들이 연산능력을 이용해 비트코인을 얻는 모습이 비슷하게 보여 붙은 명칭이다.

현재는 컨센서스 알고리즘에 대한 다양한 발전이 이루어지며, 작업증명 이외에도 다른 방식을 채택하는 블록체인들이 존재한다. 이 중에서 가장 많이 접할 수 있는 컨센서스는 현재 이더리움 네트워크가 채택하고 있는 '지분증명Proof-of-Stake'이다. 이더리움은 기존의 작업증명 기반으로 작동하던 블록체인을 '이더리움 머지 업그레이드'를 거치며 지분증명 기반 블록체인으로 전환했다.

지분증명은 각 노드들이 보유하고 있는 코인의 수에 비례해 블록을 생성할 권한을 확률적으로 제공하는 컨센서스 알고리즘이다. 작업증명은 블록을 생성하는 과정에서 트랜잭션이 올바른지 확인하는 것 이외에도 알맞은 논스값을 찾기 위해 PC의 연산력과 전력이 소모된다. 이는 노드에 높은 채굴 비용을 요구하는 이유이기도 하다. 반면 지분증명은 블록 생성 권한을 얻기 위한 전력소모가 거의 없기 때문에 채굴 과정에서의 자원 소모가 상대적으로 적으며, 어떻게 보면 친환경적이라고도 표현할 수 있다.

2015년 이더리움 파운데이션 블로그Ethereum Foundation Blog에 기재된 글인 'The Ethereum Launch Process'의 일부 내용을 확인하면 이를 이해할 수 있다. "작업증명은 전기를 열과 이더리움 그리고 네트워크 안정성으로 비효율적인 전환을 뜻하며, 우리는 소프트웨어를 이용해 대기를 따뜻하게 만들고 싶지 않다. 우리는 알고리즘의 수정이 필요하다. 바로 지분증명이다."

지분증명 과정에서 블록을 생성하기 위해 트랜잭션과 블록 검증을 수행하는 노드들을 '밸리데이터Validator(검증자를 뜻한다)'라고 하며,

검증을 위한 디지털자산을 예치하는 행위를 '스테이킹Staking'이라고
한다. 따라서 스테이킹 상품들은 지분증명 혹은 이로부터 파생된 컨
센서스 알고리즘을 활용하는 체인에서만 존재한다.

탈중앙화의 핵심
P2P 네트워크

세 번째는 P2P 네트워크다. P2P 네트워크란, 각각의 노드들이 서로
연결되어 중앙 서버 없이 작동하는 네트워크를 말한다. 즉 각 노드
끼리 정보를 공유하는 형식이다.

　기존의 중앙화 시스템은 하나의 기업 혹은 단체가 신뢰를 기반으
로 운영했기 때문에 그 시스템 또한 중앙화되어 있어도 문제가 없으
나, 제3자의 신뢰를 원하지 않는 비트코인은 네트워크가 중앙화되
어 있으면 그 중앙화된 노드를 관리하는 자가 곧 비트코인 네트워크
의 정보를 관할하는 것과 다름없기에 네트워크부터 중앙화에서 벗
어나야 했다.

　또한 중앙화 시스템은 그 중앙화된 곳에서 문제가 생긴다면 서비
스 이용에 전반적인 장애를 일으킬 수 있다는 부정적인 점도 존재한
다. 대표적인 예시가 지난 2022년 '판교 데이터센터 화재사건'이라
고 볼 수 있다. 당시 카카오를 포함한 유수의 기업들이 사용하는 데
이터센터의 화재로 인해 카카오 계열 서비스의 이용에 제약이 생기

는 상황이 발생했다.

　금융 시스템은 어떠한 상황에서도 매일 24시간 끊김이 없이 작동될 수 있어야 한다. 그러한 점에서 P2P 네트워크를 이용하는 비트코인은 특정 참여자의 PC에 문제가 생기더라도 시스템이 지속적으로 운영될 수 있다. 이러한 특성을 우리는 이를 '장애 허용성'이라 한다. 특정한 참여자들이 정상적으로 시스템을 사용하지 않거나, 혹은 악의적인 시도를 하더라도 이것이 네트워크에 영향을 주지 않는 것이다. P2P 네트워크상에서 앞의 해시함수, 작업증명을 합쳐 블록 하나가 생성되는 과정은 다음 6개의 그림과 같다.

■ 블록 생성 과정 1

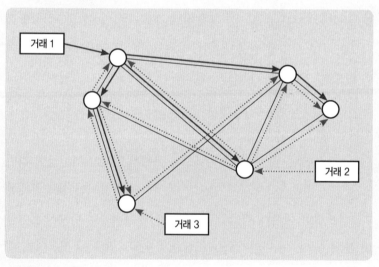

▶ 새로운 거래정보가 모든 노드에 브로드캐스트(거래를 하나의 노드에서 불특정 다수에게 전송하는 것)한다.

■ 블록 생성 과정 2

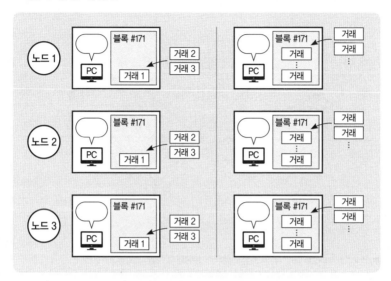

▶ 각 노드가 송신받은 새로운 거래정보를 블록에 수집한다.

■ 블록 생성 과정 3

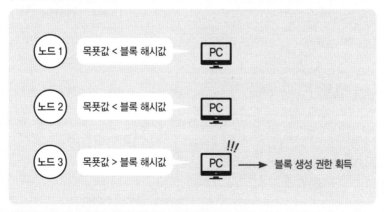

▶ 각 노드가 그 블록에 맞는 난이도의 작업증명을 찾아 나선다.
▶ 작업증명에 성공한 노드가 블록 생성 권한을 부여받는다.

■ 블록 생성 과정 4

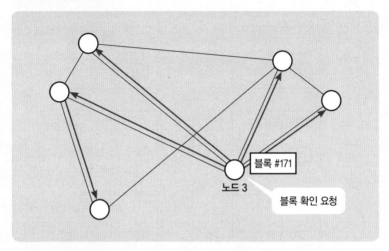

▶ 블록 생성 권한을 얻은 노드는 모든 노드로 생성한 블록을 브로드캐스트한다.

■ 블록 생성 과정 5

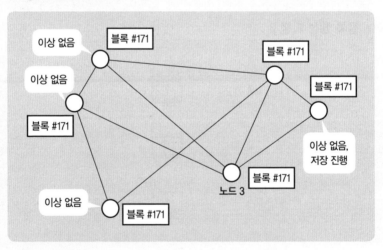

▶ 블록 생성 권한이 없는 다른 노드는 거래가 유효하다는 것을 검증한다.
▶ 그리고 거래 과정에 이상이 없다면 그 블록을 승인한다.

■ 블록 생성 과정 6

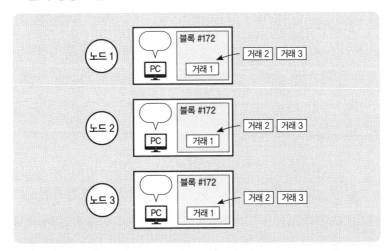

▶ 노드는 블록 승인을 표현하기 위해 먼젓번 해시로 승인된 블록의 해시값을 사용해 다음 블록을 생성하며 체인이 이어진다.

우리는 이로써 알게 되었다. 이러한 방식으로 비트코인 네트워크는 이 분산원장에 대해 '무신뢰'를 구현하고자 했으며 비트코인 네트워크는 신뢰받는 제3자 없이 거래 시스템을 구현할 수 있다는 점을 말이다.

효율적인 데이터 구조
머클 트리

머클 트리는 데이터의 효율적인 관리를 위해 탄생한 기술이다. 이는 데이터 구조에 사용되는 '트리 구조'라는 개념과 우리가 앞에서 알아본 '해시함수'를 같이 이용해 구현된 기술이다.

트리 구조는 말 그대로 나무 형식으로 데이터의 구조를 정리하는 것이다. 나무 형식 구조의 장점은 수많은 데이터를 단순히 일렬로 나열하는 것보다 훨씬 더 빠르게 자료를 검색할 수 있다는 점에 있다(이를 어떻게 정렬하는지에 대한 내용은 자료 구조를 공부할 것이 아니라면 굳이 이해할 필요가 없기에 여기서는 자세히 다루지 않았다).

여기서 머클 트리는 이 트리라는 개념에 해시함수를 합친 기술이다. 블록 안에 포함된 거래정보들을 해시함수에 입력하고, 이 해시값을 바탕으로 트리를 만들어 블록헤더에 같이 기록해두는 것이다. 머클 트리는 다음과 같은 방법으로 구성된다.

1. 각각의 거래정보를 해시함수를 사용해 해시값으로 변환한다.
2. 해시값을 2개씩 묶어가며 트리를 구성한다. 2개씩 묶이지 않을 때까지 반복한다.

이러한 과정으로 구성된 머클 트리를 각 블록헤더에 저장하면, 많은 거래정보를 적은 저장공간만으로 정리할 수 있고, 찾고자 하는 거래정보를 효율적으로 찾을 수 있다.

지금까지의 기술들을 확인해보면 비트코인을 만드는 데 적용된 기술들이 전부 이전에 존재하던 개념들이라는 점을 알 수 있다. 비트코인은 사토시 나카모토라는 한 천재의 발상에서 갑자기 튀어나

■ 단순 나열 구조와 트리 구조 비교

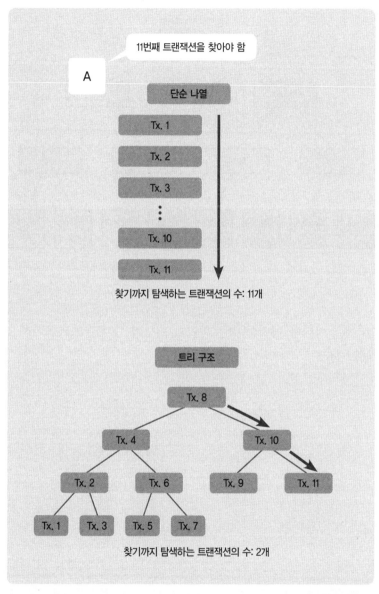

출처: 저자 정리

■ 머클 트리 예시

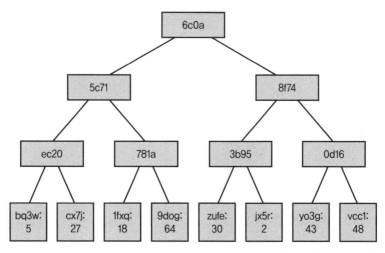

출처: 이더리움 파운데이션 블로그

온 것이 아니라 이전의 많은 학자의 연구가 합쳐진 결과물이라고
볼 수 있다.

DIGITAL ASSET

DIGITAL ASSET

제 2 장

디지털자산에
투자해야 하는 이유

디지털자산이 새로운 투자로
부상하게 된 이유

큰 인기를 얻은 드라마 〈재벌집 막내아들〉은 재벌가에 희생되었던 주인공이 전생의 기억을 그대로 가지고 재벌가의 막내아들(정확히는 막내손자)로 환생하면서 여러 사건에 휘말리는 내용이다. 이 드라마의 인기 비결 중 하나는 'IMF외환위기'나 '닷컴 버블'과 같이 실제로 일어난 사건들을 겪으며 주인공이 부를 불려나가는 과정이 시청자들에게 대리만족을 준다는 점이었다.

극 중 재벌 회장의 막내손자인 어린 주인공이 할아버지의 퀴즈를 맞힌 보상으로 개발되기 이전의 1980년대 분당 땅을 선물로 받는 내용이 나온다. 주인공은 1기 신도시 개발 이후 이 땅을 팔아 얻은 차익을 달러로 환전하고, IMF외환위기 이후 달러 가치가 크게 치솟을 때 그 돈을 아마존 주식에 투자해 스물 남짓의 나이에 수천억 원의 부를 거머쥐게 된다.

물론 현실에서는 불가능한 일이지만 '그 주인공이 만약 나라면 어떻게 행동했을까?'라는 상상을 하게 되는 장면이다. 만약 자신이 어떠한 이유로 2013년으로 돌아간다면 어떠한 투자를 하고 싶은가? 아마도 많은 분이 '비트코인'에 투자하지 않을까 싶다. 물론 비트코인을 비롯한 디지털자산에 대해 부정적 인식을 가진 사람도 많겠지만, 비트코인 가격 그래프를 보고서도 그러한 기회가 주어졌을 때 비트코인을 사지 않을 사람이 있을까?

2013년 1월 1일 비트코인의 가격은 약 14달러 정도였다. 그리고 2023년 9월 비트코인의 가격은 약 2만 6,000달러 정도이니 10년 동안 대략 2,000배 정도의 수익률을 올린 셈이다. 그러나 10년 전에 비트코인의 존재를 알고 있던 사람은 없었을 듯하니 현실적인 이야기를 해보도록 하겠다.

■ **비트코인 가격 추이**

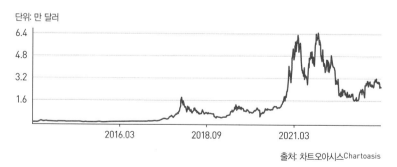

단위: 만 달러

출처: 차트오아시스Chartoasis

대부분의 사람은 2017년경 비트코인을 처음 접했을 것이다. 당시 비트코인 열풍은 사회적 현상으로 볼 수 있었다. 비트코인 가격이 약 2만 달러를 넘나들던 2017년 말 당시 많은 정부 관계자와 경제 전문가가 매체에 나와 비트코인 열풍을 17세기 네덜란드에서 일어난 '튤립 버블*'에 비유했다. 비트코인은 내재적 가치가 없기 때문에 결국 그 가격은 0원에 수렴할 것이라는 의도에서 비롯한 비유였다. 그리고 그 말을 입증하기라도 하듯 해가 바뀌자마자 비트코인 가격은 속절없이 고꾸라지며 2019년까지 80%가 넘는 하락을 보였다.

그러나 반전은 코로나19 팬데믹 이후 일어났다. 전 세계적인 유동성 파티 속에 비트코인 가격은 다시 한번 큰 폭의 상승을 보였고, 한때는 7만 달러를 넘보면서 금방이라도 1억 원 고지에 안착할 듯 보였다. 그러나 2023년 비트코인 가격은 1만 5,000달러를 깨고 내려갔다가 2만 5,000~3만 달러 선에서 횡보 중이다. 비트코인 가격이 많이 떨어진 듯하지만 아직도 2017년경 비트코인 열풍 당시의 최고점보다는 높은 가격에서 거래되고 있다. 이처럼 투자를 하자니 너무 위험해 보이고 안 하자니 포모Fear Of Missing Out, FOMO(자신이 좋은 투자 기회를 놓치는 것 같은 불안감)를 느끼게 하는 대상이 비트코인을 포함한 디지털자산이 아닐까 싶다.

디지털자산, 과연 투자해야 할까? 이 질문에 답하기 위해 비트코인을 중심으로 디지털자산에 대한 투자 의사결정에 필요한 객관적

---

* 17세기 네덜란드에서 튤립으로 막대한 부를 만들 수 있다는 소문이 돌면서 튤립 가격이 치솟은 사례

사실들을 알아보아야 한다. 앞서 살펴본 바와 같이 비트코인은 기존의 암호화 기술과 네트워크 기술이 절묘하게 결합되어 탄생한 산물이다. 블록체인 기술에 기반한 디지털자산 시가총액이 2023년 9월 코인마켓캡 기준 1조 400억 달러에 이르고 있다. 'NBC 뉴스 모닝 컨설트'에 따르면 2022년 기준 미국 성인의 21%가 디지털자산을 보유하고 있으며 1981~1996년에 태어난 미국 밀레니얼 세대의 57%, 1965~1980년에 태어난 세대의 20%가 디지털자산을 보유하고 있는 것으로 나타났다.

눈에 보이지 않는 디지털자산이 최근 30~40대를 중심으로 투자 대상으로 주목받게 된 배경은 '디지털 시대' 흐름과 관계가 있다. 현재 40대 이하 연령층은 어릴 때부터 인터넷을 이용해 정보를 찾고, 온라인으로 게임을 하거나 친구를 사귀며, 유튜브로 새로운 지식을 습득하는 데 익숙한 세대다. 이 모든 경험은 물리적으로 실체는 없지만 온라인상에 존재하는 것들이며, 현대 실생활에 깊숙하게 자리 잡고 있다. 특히 코로나19 팬데믹 이후부터는 온라인 수업을 듣고 지식을 습득하는 것이 더욱 보편화되었고, 온라인상에서 게임 친구를 사귀거나 자금을 이체하고 쇼핑하는 일들은 너무나 자연스러운 일상이 되었다.

일상적인 활동의 많은 부분을 온라인에서 영위하는 해당 세대는 네트워크상에 기록 형태로 존재하는 비트코인과 같은 디지털자산을 새로운 결제 수단으로 인식하는 데 큰 무리가 없다. 따라서 이들은 디지털자산에 본질적인 가치가 없다고 단정을 짓기보다는 새로운 형태로 탄생한 디지털자산이 앞으로 일상생활에 어떤 영향을 미칠 것인지, 앞으로 미래가 어떻게 변할 것인지 등을 흥미로운 관점에서 바라보고 있다.

역사적으로 '자산'의 형태는 늘 변해왔다

눈에 보이지 않는 디지털자산이 많은 돈을 흡수하면서 약 2조 달러 이상의 거대한 시가총액을 형성하게 된 배경을 어떻게 이해해야 할까? 언뜻 이해되지 않는 새로운 사회적 현상들은 대부분 장기간에 걸쳐 조금씩 누적된 시대 변화의 산물일 때가 많다. 역사를 되돌아보면 수 세기가 지나서야 부를 얻는 방식이나 자산의 개념에 변화가 나타났기 때문이다.

주식 시장이 발달하기 이전 부의 원천은 '토지'와 '노동력'이었다. 당시 사회적 계급은 토지를 소유한 지주와 자신의 토지를 가지지 못한 소작농으로 구분되었다. 따라서 토지는 농작물을 얻을 수 있는 원천일 뿐만 아니라 사회적 계급을 분명히 나타내주는 자산이었다. 이 시기에는 자녀의 수가 많을수록 더 많은 노동력을 투입할 수 있었기에 대가족 형태가 자연스럽게 선호되었다.

1600년대 이후 농경사회가 산업사회로 변모하면서 자산에 대한 개념이나 부를 축적하는 방식에도 변화가 일어났다. 유럽에서 최초의 주식회사인 동인도회사가 설립되고, 1760~1820년 영국 산업혁명이 일어나면서 첨단 기술을 보유한 초대형 기업들이 부와 영향력을 확보하기 시작했다. 투자자들은 해당 기업에 종사하며 임금을 받거나 기업의 이익을 나누어 가질 수 있는 주식에 투자함으로써 개인의 부를 축적해갔다.

미국의 미래학자인 앨빈 토플러Alvin Toffler는 1950년대 후반부터 산업사회에서 정보사회로의 변혁이 일어났다고 지적했다. 이 시기부터는 지식 기반의 생산이 가속화하고 저작권, 지식재산권과 같은 무형 자산의 중요성이 높아졌다. 지식사회에서 나아가 디지털경제사회에서는 실물경제와 디지털경제 간의 융합이 보다 활발해질 것으로 예상된다. 즉 디지털경제사회에서의 경제활동이 활발해지면서 디지털경제에서 사용될 수 있는 통화, 신원 증명 방식 등이 새롭게 등장할 것이다.

디지털경제사회로의 진입 초기 국면에서 다양한 형태의 디지털자산이 탄생했다가 빠르게 사라지는 현상은 어쩌면 과도기 국면에서 나타날 수 있는 당연한 현상이라고 볼 수 있다. 다만 현재 기술의 발전 방향과 논의들이 디지털경제 규모를 확대시키는 방향으로 전개되고 있는 만큼 머지않은 미래에 디지털자산은 우리의 일상생활에서 실용적인 가치를 가진 도구로 자리매김할 가능성이 높다는 점은 염두에 둘 필요가 있다. 특히 비트코인과 이더리움은 현재 블록체인 기술력과 네트워크 보안, 수용도 측면에서 가장 높은 신뢰를 얻고 있으며, 일부 국가에서는 비트코인을 결제 수단으로 허용하는 움직임을 전개하고 있다.

많은 사람이 디지털자산을 현재의 법정화폐와 같이 결제 수단으로 인정하고 활용할수록 개인과 기업도 보유 자산의 일정 부분을 디지털자산으로 보유할 필요성이 높아질 것이다. 즉 주식, 채권, 부동산으로만 구성되었던 전통적인 자산 포트폴리오에 디지털자산을 편입하는 선택지를 고민해볼 필요가 있다는 뜻이다.

투자 자산으로서의 비트코인, 어디까지 왔을까?

블록체인 기술을 활용한 최초의 디지털자산인 비트코인이 세상에 나온 지 어느새 14년이 지났다. 그러나 현재도 많은 사람이 비트코인에는 내재적 가치가 없기 때문에 결국에는 가격이 '0'원에 수렴할 것이라고 단언하고는 한다. 비트코인은 과연 내재적 가치가 없는 자산일까? 그리고 내재적 가치라는 것은 무엇이며, 어디서 오는 것일까?

많은 전문가가 인류가 최초로 사용하기 시작한 화폐는 가축이나 농산물이었을 것으로 생각한다. 가축, 농산물처럼 실제로 사용되는 상품으로 시작한 화폐는 시간이 지나면서 희소성과 쉽게 변하지 않는 속성을 지닌 조개껍데기, 귀금속 등으로 대체되었고, 이는 최종적으로 휴대하기 편리한 농전과 송이화폐로 진화했다.

근래 들어 우리의 지갑 속에서 찾기 어려워진 종이화폐는 국가에 대한 신뢰와 교환 수단으로서의 활용성을 기반으로 가치가 형성되었다고 할 수 있다. 예컨대 우리가 5만 원 지폐의 가치를 '5만 원'이라고 인정하는 이유는 지폐의 외형 때문이 아니라 발행 주체인 한국은행을 신뢰하기 때문이다. 또한 미국 달러가 전 세계 무역에서 기축통화로 사용되는 주요 이유도 대다수 국가가 미국을 패권국으로서 인정하고 있기 때문이다.

그러나 정부에 대한 신뢰가 상대적으로 낮은 국가에서는 자국민도 정부가 발행하는 화폐를 신뢰하지 못하고, 이로 인해 화폐 가치의 변동성이 상당히 심한 편이다. 화폐 가치가 큰 폭의 변동을 보인다면 국가 단위의 경제활동과 개인 단위의 일상생활에 여러 문제가 발생한다. 역사상 여러 정부가 자국화폐에 대한 불신을 해소하기 위해 화폐 개혁을 시도해왔지만 대부분은 화폐 가치의 지속적인 하락, 즉 인플레이션에서 벗어나지 못했다.

최근 몇 년간 자국화폐에 대한 국민의 신뢰가 낮은 국가들에서 비트코인이 점점 가치를 인정받는 흐름이 보이고 있다. 2021년에 엘살바도르를 시작으로 2022년에는 중앙아프리카공화국이 비트코인을 법정화폐로 인정했고, 최근에는 브라질이 비트코인을 공식 결제 수단으로 받아들인 바 있다. 가치를 보장하는 중앙집권적 주체가 없음에도 불구하고 비트코인이 정부가 가치를 보증하는 법정화폐와 대등하거나 더 우월한 가치를 인정받기 시작한 이유는 무엇일까?

이는 일부 국가에서 발행 주체인 정부가 지속적으로 화폐를 발행

■ 제도권에 편입되는 비트코인

2021년 9월	2022년 4월	2022년 12월	2023년~
엘살바도르, 세계 최초로 비트코인을 법정화폐로 인정	중앙아프리카공화국, 비트코인을 법정화폐로 인정	브라질, 비트코인을 공식 결제 수단으로 인정	다음은 어떻게 될 것인가?

출처: 저자 정리

하면서 그 가치를 하락시키는 사례와 밀접한 관련이 있다. 반면 발행 주체가 없는 비트코인은 앞으로의 발행량에 대한 정보가 전 세계에 투명하게 알려져 있으므로 급격한 가치 하락에서 보다 안전하다고 볼 수 있고, 인플레이션 같은 이유로 고통받는 국가의 국민에게는 가치 저장 수단으로서 비트코인이 법정화폐보다 훨씬 탁월한 선택지일 수 있다.

한편 2022년은 디지털자산 시장의 암흑기였다. 테라-루나 사태[*], FTX 파산 신청 등 여러 악재가 발생했고, 디지털자산 서비스 전문 기업과 디지털자산에 노출되었던 수많은 기관이 연쇄적으로 피해를 보게 되었다. 비트코인이 2021년의 최고점에서 추락했던 충격만큼 디지털자산 시장이 겪는 타격은 더욱 크게 느껴졌다.

그러나 비트코인 가격이 최고점 대비 절반까지 떨어졌지만, 비트코인 시가총액은 2023년 8월 기준 약 671조 원이다. 671조 원이라

---

[*] 2022년 5월 테라폼랩스에서 발행한 디지털자산 '테라'와 '루나' 가격이 대폭락하면서 약 13조 원 규모의 글로벌 헤지펀드 쓰리애로우캐피탈Three Arrows Capital이 파산하고 여러 디지털자산 기업이 연쇄적으로 파산했던 사건

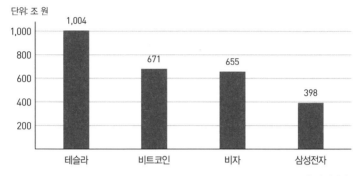

■ **2023년 8월 비트코인과 주요 기업 시가총액 비교**

단위: 조 원

출처: 네이버 증권

는 숫자가 와닿지 않는다면 글로벌 기업들과 비교해보자.

비트코인의 시가총액은 글로벌 시가총액 1위 기업 애플^{Apple} 시가총액의 약 1/6에 해당한다. 국내 투자자들의 큰 관심을 끌어모은 또 하나의 글로벌 기업 테슬라^{Tesla}의 시가총액과 비트코인을 비교해보면, 테슬라 시가총액의 약 2/3 수준이다. 마찬가지로 글로벌 송금 결제 서비스인 비자^{Visa}와 비교를 해보아도 비트코인이 근소 우위를 차지하는 것을 확인할 수 있다.

국내 기업과 비교해보면 어떨까? 우리나라 주식 시장의 대장주라고 할 수 있는 삼성전자의 시가총액은 약 398조 원이고, LG에너지솔루션의 시가총액은 약 129조 원, 그리고 SK하이닉스의 시가총액은 약 62조 원이다. 달리 말하면 글로벌 송금 결제 인프라로서 비트코인의 시장 가치가 국내 최고 IT기업의 시장 가치보다 높게 평가되고 있다는 것이다.

■ 2023년 8월 글로벌 자산 순위

1위: 금	1경 6,983조 원
2위: 애플	3,705조 원
3위: 마이크로소프트	3,184조 원
4위: 사우디아람코	2,982조 원
5위: 알파벳(구글)	2,178조 원
6위: 아마존	1,822조 원
⋮	
12위: 일라이 릴리	697조 원
13위: 비트코인	671조 원
14위: 비자	669조 원
15위: TSMC	640조 원
16위: 유나이티드 헬스	604조 원
17위: LVMH	601조 원

출처: 컴퍼니마켓캡

전 세계 주요 자산의 규모를 1위부터 순서대로 나열해보면 비트코인이 2023년 8월 기준 13위를 차지하고 있는 놀라운 결과를 알 수 있다. 즉 무시할 수 있는 규모의 자산이 아닌 셈이다.

과거 금융 기관들은 비트코인을 포함한 디지털자산의 존재 자체를 부정하거나 일시적 현상으로 치부하고는 했다. 그러나 이제는 더 이상 비트코인을 외면하지 않고 하나의 자산으로 인정하고 있다. 더 나아가 많은 기업이 비트코인에 지속적으로 투자하고 디지털자산과 관련된 금융 상품들을 출시하는 중이다. 전 세계 1, 2위 카드사인 비자와 마스터카드Mastercard는 비트코인 결제 지원을 시작하면서 디지털자산 영역으로 비즈니스를 확장하고 있고, 세계 최대 투자은행 골드만삭스는 비트코인 담보대출 서비스를 출시한 바 있다. 블룸버그Bloomberg와 연합인포맥스 등 유수의 전통 금융 정보 분석 기업들은 지난 수년간 비트코인의 가격을 꾸준히 모니터링하며 디지털자산 관련 뉴스를 발간하는 중이다.

앞서 이야기한 바와 같이 화폐의 가치는 사람들의 신뢰를 기반으로 형성된다. 사람의 신뢰가 없으면 화폐는 가치를 저장하지 못할 뿐만 아니라 교환의 매개로도 사용되지 못한다. 디지털자산 가격이 전반적으로 약세를 보이는 현재 상황에서도 비트코인은 꾸준히 그 활용도를 넓히고 주목도를 높여가는 중이다. 이제는 비트코인이 내재적 가치가 없는 자산이 아니라 개인과 기관투자자들의 포트폴리오의 한 자리를 차지할 만큼 가치를 인정받는 자산이라고 이야기할 수 있지 않을까?

비트코인을 바라보는
두 가지 시각

당신에게 지금 10억 원이 있다는 상상을 한번 해보자. 그리고 당신은 불치병에 걸렸는데 현대 의학 기술로는 당신을 살릴 방법이 없다. 당신에게 유일한 선택지는 스스로 냉동고에 들어가 의학 기술이 발전해 당신의 병을 낫게 할 치료제가 발명될 30년 후에 깨어나는 것이다. 그렇다면 당신은 전 재산인 10억 원을 어디에, 어떻게 보관할 것인가?

금고에 넣어두는 것은 당연히 정답이 아니다. 지금의 30년 전인 1993년 서울 강남의 30평대 아파트 가격은 약 2억 원 수준이었다. 그리고 해당 아파트의 현재 가격은 20억 원을 훌쩍 넘는다. 달리 말하면 화폐의 가치가 1/10로 줄어든 것으로 볼 수 있다. 만약 10억 원을 은행에 예금해두었다면 매년 이자가 붙으니 어느 정도 수익이 났겠지만, 강남 아파트를 사두는 것에 비하면 훨씬 수익률이 떨어지는 투자였을 것이다.

국내 최고 우량주인 삼성전자 주식을 사두는 것은 어떨까? 1993년 삼성전자 주가는 이건희 전 회장의 신경영 선언을 바탕으로 한 혁신적인 노력에 힘입어 5만 원을 돌파한 바 있다. 몇 년 전 1/50 수준의 액면 분할을 했다는 사실을 고려해보면 50배가 훨씬 넘는 수익을 냈으니 10배 수익률을 기록한 강남 아파트를 사는 것보다도 훨씬 성공한 투자다.

그러나 평범한 투자자인 우리가 30년 후 삼성전자처럼 글로벌 기업으로 성장할 기업을 잘 골라낼 수 있을까? 운이 좋다면 그럴 수 있겠지만, 투자한 기업이 상장폐지되어 10억 원이라는 거금이 휴지 조각이 되는 최악의 상황을 겪을 수도 있다.

당신은 자신의 부를 지키기 위해 당신의 지식과 신념에 근거해 30년 후를 내다보고 어떠한 선택을 해야만 한다. 그 선택은 부동산이 될 수도 있고 주식, 채권, 금 또는 앞서 나열한 자산군을 망라한 특정한 포트폴리오가 될 수도 있다.

비트코인 맥시멀리스트는 비트코인이야말로 이러한 상황에서 자신의 부를 지킬 수 있는 최선의 대안이라고 믿는 사람들이다. 비트코인 맥시멀리스트들은 기본적으로 정부나 중앙은행을 믿지 않는다. 정부나 중앙은행은 정치적 이유 혹은 국가 시스템의 안정을 유지하기 위해 필요할 때마다 천문학적인 양의 돈을 찍어내고, 그 결과 화폐 가치는 지속적으로 떨어질 수밖에 없다고 보기 때문이다. 이는 1971년 리처드 닉슨Richard Nixon 미국 대통령의 '금 태환 중지 선언' 이전의 금본위제로 돌아갈 것을 주장하는 사람들의 시각과도 일맥상통한다.

필자를 포함해 이 글을 읽고 있는 많은 독자도 '10년 전으로 시간을 돌린다면 집 팔고, 차 팔아서 비트코인을 샀을 텐데'라고 생각할 수 있지만 그것은 우리가 결과를 알고 있기 때문에 드는 생각이다. 만에 하나 당신이 10년 전에 비트코인을 샀다 하더라도 당신은 오래전에 적당한 이익을 내고 혹은 재수가 없었다면 심지어 손실을 보고 비트코인을 처분했을 것이다.

이제 대표적인 비트코인 맥시멀리스트들의 이야기를 들어보도록 하자.

비트코인
맥시멀리스트

여기 10년 전에 비트코인에 자신의 부의 대부분을 투자한 사람이 있다. 바로 디지털자산 거래소 제미니Gemini의 설립자이기도 한 카메론 윙클보스Cameron Winklevoss, 타일러 윙클보스Tyler Winklevoss 형제다. 하버드대학교 경제학과 출신이자 페이스북 초기 주주로서 30대 초반에 이미 수천억 원의 재산을 쌓은 형제다. 이들은 페이스북 CEO 마크 저커버그^{Mark Zuckerberg}와 하버드대학교 선후배 관계였는데, 원래 그들은 SNS 성격의 커뮤니티 사이트를 같이 만들던 협력 관계였다. 그러다가 저커버그가 나중에 따로 자신이 중심이 되어 페이스북을 설립하자 윙클보스 형제는 자신들의 핵심적인 사업 아이디어를 도용했다며 저커버그에게 소송을 제기해 승소한다. 이 당시 현금 대신 약 480억 원(약 4,000만 달러)가량의 페이스북 주식을 받았는데, 페이스북이 2012년 증시에 상장하면서 이들의 재산은 약 3,000억 원 이상으로 폭등하게 된다.

여기까지도 충분히 영화 같은 놀라운 이야기지만, 이야기는 여기서 끝나지 않는다. 그들은 2012년 말 불법 마약 거래나 음란물 사이트의 결제 수단으로나 쓰이던 비트코인을 당시 시세로 10달러에도 못 미치는 가격으로 당시 발행량의 1%를 매집한다. 이러한 그들의 판단을 단순히 운이라고 치부할 수 없다. 이 형제들은 2013년 비트코인 컨퍼런스에서 이미 비트코인에 대한 키노트 연설을 한 바 있기 때문이다.

그들이 보는 비트코인은 '금 2.0', 즉 진정한 가치 저장 수단으로서의 디지털 골드다. 그렇기에 이들은 언젠가 비트코인의 시가총액이 금의 시가총액을 추월할 것이라고 본다. 현대 금의 시가총액이 약 10조 달러, 비트코인의 시가총액이 약 5,000만 달러 수준이라고 할 때 장기적으로 비트코인의 가격은 현재의 20배가 되어야 한다는 주장이다. 금의 가격이 장기간 현재 수준만을 유지한다고 가정하더라도 1BTC당 약 50만 달러가 되어야 한다. 지금이야 그럴싸한 이야기로 들릴 수도 있지만, 이들이 이러한 주장을 처음 들고나온 당시 비트코인 시세가 10달러 수준이었으니 제정신이 아니라는 말을 듣기 일쑤였다.

그러나 지난 10년간 비트코인의 놀라운 가격 상승을 염두에 두고 이들의 주장을 조금 더 들어보자. 윙클보스 형제는 비트코인이 금보다 우월한 이유로 "비트코인은 하드웨어 성격의 금과 달리 소프트웨어적 성격이 있어 더 많은 일을 할 수 있기 때문이다"라고 말했다. 또한 비트코인이 희소성 측면에서도 금보다 우월하다고 본다. 금은 희소하지만 고정된 수량은 아니며, 앞으로 채굴 기술의 발전에 따라 공급량이 계속 증가할 수 있기 때문이다.

비트코인의 우월성은 달러와 비교했을 때 더욱 명확해진다. 특히 코로나19 팬데믹 이후 미국 경제의 안정을 위해 미국 연준이 수조 달러의 법정화폐를 찍어내고 있는 상황이므로 희소성 측면에서 월등히 우위에 있는 비트코인의 가치는 지속 상승할 수밖에 없다는 것이 이들의 주장이다.

윙클보스 형제와 같은 진영에는 코로나19 팬데믹 이후 우리나라에서는 '돈나무 언니'라고 불리며 유명세를 탔던 아크 인베스트ARK Invest의 캐시 우드Cathie Wood도 있다. 물론 캐시 우드는 비트코인뿐만 아니라 테슬라를 비롯한 나스닥의 첨단 기술주 투자로 2021년까지 기록적인 성과를 냈지만, 2022년의 처참한 손실로 롤러코스터를 탔던 사실도 기억할 필요는 있다.

2023년 2월 캐시 우드가 이끄는 아크 인베스트는 비트코인 가격이 2030년까지 약 148만 달러에 달할 것으로 예상하는 보고서를 발간했다. 비트코인의 내재적 가치를 믿는 투자자라면 귀가 솔깃할 주장이다. 그녀는 2022년 11월 블룸버그 인터뷰에서 "기관투자자들은 투자 포트폴리오를 다변화하는 것이 중요한데, 그런 점에서 다른 전통적 자산군과 낮은 상관계수를 보이는 비트코인에 투자함으로써 수익률을 지키고 위험을 낮출 수 있다"라고 강조한 바 있다. 즉 기관투자자들이 본격적으로 비트코인에 장기간 투자하게 되면 주식이나 채권 같은 다른 자산군을 능가하는 투자 성과를 보여줄 것이라는 주장이다.

비트코인
회의론자

비트코인 맥시멀리스트 측의 반대편에는 비트코인에 대한 비판을 넘어 비트코인을 혐오하는 혐오론자들도 있다. 우리나라에서도 정부와 금융권의 많은 유력인사가 비트코인을 비롯한 디지털자산에는 아무런 내재 가치가 없다는 발언을 한 바 있다. 이러한 주장을 펼치는 유력인사 중에 세계적으로 가장 유명한 인물은 바로 '오마하의 현인' 워런 버핏Warren Buffett이다.

워런 버핏은 2020년 CNBC와의 인터뷰에서 "코인은 기본적으로 어떤 가치도 지니지 못한다"라고 말하며 "코인은 재생산이 안 되고,

수표를 발행할 수도 없으며, 결국 누군가가 더 비싼 돈을 지불하고 구매해주길 바라는 수밖에 없다"라고 지적했다. 이뿐만 아니라 "코인은 가치가 0원이기 때문에 마지막에 구매한 이는 난처한 상황에 놓일 것"이라고 단언하기도 했다. 심지어 비트코인 가격이 3만 달러 선을 오가던 2022년 4월 버크셔 해서웨이Berkshire Hathway 연례 주주총회에서도 "비트코인이 25달러여도 사지 않을 것이다"라고 단언한 바 있다.

워런 버핏이 비트코인에 대해 가지는 부정적 태도는 금에 대한 태도와도 일맥상통한다. 그는 2008년에도 "아무런 수익을 창출할 수 없는 금에 투자하기보다는 전망 좋은 사업에 투자하겠다"라고 말하며 금 투자자들을 비판한 바 있다. 꾸준히 배당을 주는 주식을 선호하는 버핏에게는 금조차도 노란 돌덩이에 불과한 것이다.

그러나 워런 버핏이 전 세계에서 가장 존경받는 투자자이기는 하나, 새로운 기술에 대해 언제나 보수적인 태도를 취하며 많은 투자 기회를 놓쳐왔다는 비판도 존재한다. 워런 버핏은 2014년에도 CNBC와의 인터뷰에서 "향후 5~10년 안에 비트코인은 존재하지 않을 것"이라는 예측을 내놓은 사실만 짚고 넘어가기로 하자.

양측의 주장을 듣다 보면 혼란스러울 수밖에 없다. 똑같은 자산을 두고 한쪽에서는 몇 년 안에 100만 달러 이상으로 수십 배 오를 것이라고 주장하고, 반대편에서는 결국 0원에 수렴할 것이라고 주장하니 말이다. 그러나 이는 양극단의 주장이고 대부분 투자자의 인식은 그 중간 어딘가에 위치할 것이다. 다만 기존 금융권의 많은 유력인사가 비트코인에 대해 가지고 있던 인식이 시간이 갈수록 긍정적으로 변화하고 있는 것은 사실이다.

재닛 옐런Janet Yellen 미국 재무장관은 2021년 2월에 "비트코인은 극도로 비효율적인 자산으로 투자자들의 손실이 우려된다"라고 말하며 투자자들에게 비트코인 투자에 대해 경고했지만, 1년 후인 2022년 4월에는 "규제당국은 현재 달러의 지위로 인한 미국의 이익에 초점을 맞추어 기술 자체보다는 디지털자산 산업의 위험을 규제하고, 혁신을 지원해야 한다"라고 말하며 디지털자산을 포용하는 듯한 태도를 보였다.

세계 최대의 헤지펀드인 브리지워터 어소시에이츠Bridgewater Associates의 창업자 레이 달리오Ray Dalio 또한 2017년 9월에 "비트코인은 매우 투기적인 시장이며 거품이다"라고 비판했으나, 2021년 12월경 CNBC와의 인터뷰에서 "비트코인이 좋은 인플레이션 헤지 수단이 될 것"이라고 말하며, 본인 또한 소량의 비트코인을 보유하고 있다고 밝힌 바 있다.

그렇다면 평범한 개미투자자인 우리는 어느 편에 서야 하는 것일까? 굳이 한쪽 편에 설 필요는 없겠지만, 이왕이면 돈을 많이 벌 수 있는 쪽에 서는 것이 개미투자자 입장에서는 최선의 선택일 것이다. 그렇다면 비트코인을 비롯한 디지털자산 투자로 돈을 벌고자 한다면 어떻게 하는 것이 좋을지 차근차근 살펴보는 게 좋다. 투자는 누가 맞았나 틀렸나를 따지는 게 아니라 자신만의 판단으로 돈을 벌려고 하는 것이니 말이다.

디지털자산의 시가총액은 얼마나 확대될 수 있을까?

코인마켓캡에 따르면 2023년 9월 디지털자산의 총 시가총액은 약 1조 달러, 비트코인 시가총액은 약 5,000억 달러다. 2022년 전 세계 주식 시장 규모가 약 101조 달러, 채권 시장 규모 약 130조 달러이며, 상업용 부동산 시장 규모가 약 327조 달러다. 2023년 금 시가총액이 약 12조 달러임을 감안하면 디지털자산 시장의 현재 규모는 미미한 수준이다.

전통 자산 대비 절대적으로 작은 규모의 디지털자산 시가총액이 향후 얼마나 더 증가할 수 있을까? 정확한 금액을 예단하기는 어렵지만 적어도 현 수준보다는 증가할 가능성은 확실해보인다. 만약 디지털자산이 가치 저장 수단으로서 인정을 받는다면, 현재 금이 보유하고 있는 가치 저장 수단의 기능을 일부 공유할 수 있게 될 것이다.

특히 비트코인은 보관 비용이 들지 않고 이체 방식이 훨씬 편리하다는 점에서 물리적인 형태를 가진 금에는 없는 이점이 있다. 따라서 금 수요의 5% 정도를 비트코인이 대체하면, 비트코인 시가총액은 약 1조 1,000억 달러로 현재 대비 2배 이상으로 증가한다. 만약 글로벌 채권과 주식에 대한 투자 수요를 디지털자산이 각각 2%씩 대체한다면, 디지털자산 시가총액은 4조 달러 더 늘어날 수 있다.

정리하자면 금의 수요만 비트코인이 일부 대체한다면 비트코인 시가총액은 현재 대비 약 2배(1조 1,000억 달러)로 확대되고, 주식과 채권의 수요도 2%씩 각각 비트코인으로 대체된다면 비트코인 시가총액은 5조 6,000억 달러로 확대될 수 있다(5조 6,000억 달러 = 현재 비트코인 5,000억 달러 + 금 수요 5% 대체 6,000억 달러 + 주식 수요 2% 대체 2조 달러 + 채권 수요 2% 대체 2조 5,000억 달러)

비트코인에 대한
기관투자자의 관심 증가

2022년 테라-루나 사태와 FTX 파산 이후 디지털자산 시장에 대한 기관투자자들의 관심은 다소 줄어드는 듯했지만, 2023년 3월 실리콘밸리 은행Silicon Valley Bank, SVB과 실버게이트 은행Silvergate Bank 파산 이후 미국 내 개인과 금융 기관을 중심으로 비트코인에 대한 관심은 더 높아진 것으로 파악된다. 2023년 실리콘밸리 은행은 총예금 약 1,730억 달러(약 227조 원) 규모로 미국 내 16위 은행이었는데, 크립토 전문 은행인 실버게이트 은행이 파산한 지 4일만에 뱅크런Bank-Run(은행이 자금난에 빠진 상황)이 발생해 지급불능 상태에 놓이면서 시장에 충격을 주었다.

실버게이트 은행은 총예금 90%가 디지털자산으로 구성된 크립토 전문 은행으로 총자산 약 114억 달러의 미국 내 123위 규모였다. 따라서 실버게이트 은행이 파산했을 당시 이를 시스템 위험으로 확산될 것이라 예상하는 견해는 많지 않았다. 그러나 예금을 인출하지 못한 VC 기업들이 36시간 만에 실리콘밸리 은행에서 약 420억 달러의 예금을 한꺼번에 인출을 요구했고, 총예금의 24% 인출 요구를 받은 실리콘밸리 은행은 많은 양의 인출 요구를 소화하지 못하고 지급불능 상태에 이르렀다.

미국 내 은행 위기가 확대되던 2023년 3월 당시 미국 주식과 비트코인 가격은 놀랍게도 정반대의 움직임을 보였다. 미국 정부의 예금 보호 여부가 불확실한 중소은행을 중심으로 뱅크런 조짐이 나타났기 때문이다. 자산 규모가 크고 시스템적으로 중요한 은행들은 2008년 금융 위기 당시와 같이 정부가 나서서 예금을 보호해줄 가능성이 높지았만, 규모가 작은 미국 지역은행들은 보호받지 못할 것이라는 우려가 형성되면서 은행 주가는 급락했다.

반면 은행 시스템의 취약성이 드러나면서 은행 예치에 불안을 느낀 일부 가계와 기업, 금융 기관은 비트코인을 매수하기 시작한 것

■ 2023년 S&P500 BANK와 비트코인 가격 추이

단위: 1월 가격이 1일 때 대비 변동 비율(배)

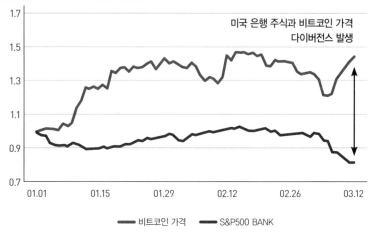

미국 은행 주식과 비트코인 가격
다이버전스 발생

━━ 비트코인 가격 ━━ S&P500 BANK

출처: 블룸버그, 저자 정리

■ 코인베이스 프리미엄과 비트코인 가격 추이(2022~2023)

단위: 코인베이스 프리미엄(좌)/1,000달러(우)

코인베이스 프리미엄
2020년 3월 이후 최대
미국 비트코인 수요 증가

━━ 코인베이스 프리미엄 ━━ 비트코인 가격

출처: 크립토퀀트, 저자 정리

으로 보인다. 미국투자자들의 비트코인 매수 강도를 나타내는 코인베이스 프리미엄(코인베이스 거래소에서 거래되는 비트코인 가격과 바이낸스 거래소에서 거래되는 가격의 차이)은 코로나19 팬데믹이 발생했던 2020년 3월 이후 최고치를 기록했다.

금융 기관의 지급불능 위험이 커지거나 자본통제로 예금으로의 접근성이 제한될 때 비트코인이 대체 자산으로 부상한 사례는 2022년 4월 러시아-우크라이나 전쟁, 2022년 10월 영국 연기금 사태 당시에도 확인되었다. 다만 과거 2번의 사례에서는 비트코인 매수세가 단발성에 그쳤다. 그러나 이번에는 전 세계 금융의 중심인 미국에서 뱅크런이 발생했고, 불안한 예금주들의 인출 요구가 단기에 멈출 것이라고 단정하기 어렵다. 따라서 2023년 이후 미국에서 시작된 비트코인 매수 수요가 상당 기간 이어질 것인지 귀추가 주목된다.

기관투자자, 디지털자산을
대체 투자의 일환으로 접근하다

2023년 미국에서 뱅크런이 발생하기 이전까지 기관투자자들은 디지털자산을 대체 투자의 일환으로 접근해왔다. 2021년 피델리티 디지털 에셋Fidelity Digital Assets의 조사에 따르면 디지털자산에 투자하는 이유를 물어보는 질문에 대해 높은 수익 가능성, 다른 자산과의 낮은 상관성, 인플레이션 방어 수단이라는 이유를 많이 꼽았고, 이는 주로 대체 자산에 투자하는 이유와 유사했다.

2021년 조사 대상 기관투자자 중 약 52%가 디지털자산에 투자하고 있으며, 지역별로는 아시아가 약 71%로 가장 높았고, 유럽은 약 56%, 미국은 약 33%의 기관투자자가 디지털자산에 직·간접적으로 투자하고 있다는 조사 결과가 나왔다. 기관투자자 유형별 차이도 있었다. 2022년 자본시장연구원 최순영의 '글로벌 금융회사의 가상자산 상업 현황' 보고서에 따르면 전반적으로 디지털자산 투자에 가장 적극적인 투자자는 디지털자산 전문 헤지펀드 및 벤처캐피탈, 고액자산가 및 고액자산가 투자를 중개 및 관리하는 투자 자문사인 패밀

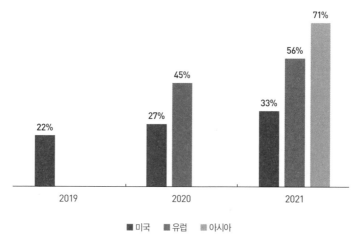

■ 지역별 디지털자산 투자 기관투자자 비중 추이

출처: 피델리티 디지털 에셋

리오피스[*]다. 미국에서는 약 15%의 고액자산가, 약 43%의 투자자문사, 약 47%의 패밀리오피스가 디지털자산에 투자하고 있는 것으로 나타났다.

그리고 일반 사모펀드 및 기금이 각각 약 13% 정도 디지털자산에 투자하는 반면 퇴직연금 같은 대형연기금은 약 3% 정도만 디지털자산 투자에 나서고 있는 것으로 조사되었다. 대형연기금은 디지털자산 투자에 조심스럽게 접근하고 있는 것으로 나타났다.

주요 연기금은 직접적인 디지털자산 투자보다는 블록체인 같은 관련 기술주에 투자하는 방식으로 디지털자산 투자를 시작하는 경향이 높았다. 2018년 미국 버지니아주 페어팩스카운티공무원 및 경찰퇴직연금Fairfax County Police Officers Retirement System이 연기금 중 최초로 디지털자산 투자를 시작했고, 미국 캘리포니아공무원연금California Public Employee Retirement System은 2020년부터 비트코인 채굴 기업 '라이엇 블록체인Riot Blockchain'에 투자를 시작했다.

최초로 디지털자산에 직접 투자한 연기금은 휴스턴소방관퇴직연금Houston Firefighters' Relief and Retirement Fund으로 2021년 10월 약 55억 달러의 운용기금 중 0.5%를 비트코인과 이더리움에 투자했다. 그 외 하버드대학교, 예일대학교 기금이 디지털자산 거래소 코인베이스에 계좌를 두고 디지털자산에 투자하고 있는 것으로 알려졌다.

---

* 많은 재산을 가진 사람의 자산 운용을 위해 설립한 자산 운용사

국내 투자자
디지털자산 투자 현황

한국 국민은 디지털자산에 얼마나 투자하고 있을까? 금융위원회 발표에 따르면 2022년 하반기 국내 디지털자산 투자자 수는 약 627만 명으로 전체 인구(5,142만 명) 대비 12% 정도이며, 15세 이상 인구(4,535명) 대비로는 13.8%를 차지했다.

국내 디지털자산 투자자는 전체 크립토 시장 시가총액 확대에 힘입어 2021년 하반기 약 558만 명에서 2022년 상반기 약 691만 명으로 24% 증가한 이후 2022년 하반기 들어서는 테라-루나 사태 이후 투자심리 위축과 2022년 11월 FTX 파산 사태 등으로 9% 감소했다.

국내 디지털자산 투자자를 연령대별로 구분해보면 30대 남성이 30%로 차지하는 비중이 가장 크며, 30대(30%), 40대(28%), 20대(21%), 50대(16%), 60대(5%) 순으로 높았다.

■ 연령별 국내 디지털자산 투자자 수

단위: 만 명

	20대 이하	30대	40대	50대	60대 이상	합계
남성	96	133	120	60	18	427
여성	34	57	56	39	14	200
합계	130	190	176	99	32	627

출처: 금융위원회

■ 디지털자산 보유 금액별 투자자 수

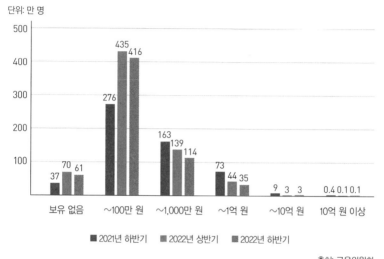

단위: 만 명

출처: 금융위원회

보유 금액별로는 1인당 100만 원 이하가 66%(약 416만 명)으로 대다수를 차지했다.

전통적인 포트폴리오에
비트코인을 편입해보자

점점 더 많은 개인과 기관투자자가 디지털자산 투자를 본격적으로 시작하거나 신규 편입을 고려하기 시작했고, 일부 신흥국가들은 더욱 적극적으로 디지털자산을 국민이 사용할 수 있는 법적 결제 수단으로 허용하려는 움직임을 보이고 있다. 자국화폐 가치가 불안정한 남미, 아프리카 지역 국가의 국민은 자발적으로 비트코인을 결제 수단으로 받아들이고 있다.

한편 선진국에서는 통화 가치의 불안전성이나 은행 시스템에 대한 불신을 해소하기 위한 목적보다는 투자 자산으로 접근하는 경향이 높다. 비트코인을 전통 포트폴리오 내에 편입했을 때 비트코인과 기존 자산군과의 낮아진 상관관계로 인해 분산 효과를 누릴 수 있기 때문이다.

전통적인 자산 포트폴리오는 주식과 채권을 5:5 또는 6:4 비중으로 편입해 위험과 수익률을 관리해왔다. 주식과 채권 수익률 상관관계가 역관계의 양상을 보이고 있기 때문에 주식과 채권을 함께 보유한다면 포트폴리오의 수익률 변동성이 작아지면서 단일 자산군만 보유하는 포트폴리오 대비 분산 효과를 누릴 수 있다. 그렇다면 여기에 비트코인을 추가하면 전체 포트폴리오의 수익률과 변동성은 어떻게 될까?

다음 그래프와 표는 2016년 1월부터 2023년 4월까지 미국 주식(티커: VTSMX)과 미국 채권(티커: BND)에 5:5로 편입했을 때와 비트코인(티커: GBTC)을 각각 1%, 3%, 5% 편입했을 때 포트폴리오의 수

■ **비트코인 편입 비율별 성과 추이(2016.01~2023.04)**

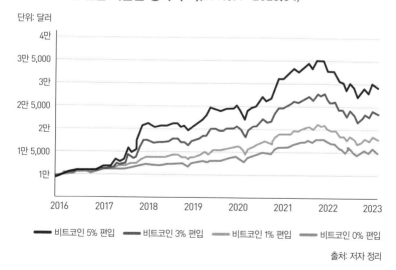

출처: 저자 정리

■ **포트폴리오 수익 비교(2016.01~2023.04)**

	포트폴리오 1 비트코인 0%	포트폴리오 2 비트코인 1%	포트폴리오 3 비트코인 3%	포트폴리오 4 비트코인 5%
미국 주식 비율	50.0%	49.5%	48.5%	47.0%
미국 채권 비율	50.0%	49.5%	48.5%	48.0%
비트코인 비율	0.0%	1.0%	3.0%	5.0%
연 환산 수익률	6.6%	8.9%	13.1%	16.9%
인플레이션을 감안한 연 환산 수익률	3.0%	5.3%	9.4%	13.0%
표준편차	9.4%	10.3%	13.6%	17.6%
가장 높은 수익률을 기록한 해의 수익률	19.7%	27.8%	58.7%	89.5%
가장 낮은 수익률을 기록한 해의 수익률	−16.4%	−17.0%	−18.1%	−19.3%
고점 대비 하락 폭	−19.7%	−20.2%	−21.2%	−22.8%
샤프비율	0.59	0.77	0.89	0.91
주식 시장과 상관관계	0.97	0.92	0.73	0.59

출처: 저자 정리

익률과 변동성, 샤프비율*을 보여준다. 비트코인을 편입하지 않고
주식과 채권을 5:5 비중으로 구성한 포트폴리오의 성과와 비트코인

---

* 무위험 수익률 대비 초과 수익률을 표준편차로 나눈 값. 위험(또는 변동성)당 초과 수익률을 나타낸 것으로
  위험 대비 수익률 보상을 나타내는 지표

을 각각 1%, 3%, 5%씩 편입한 포트폴리오 누적 성과를 2016년 1월부터 2023년 4월까지 나타낸 것이다.

전체 자산의 5%를 비트코인에 편입한 포트폴리오가 2016년 대비 약 2.9배 가치가 상승해 가장 우월한 성과를 기록했다. 반면 비트코인을 각각 3%, 1%씩 편입한 포트폴리오는 2.3배, 1.8배 증가에 그쳤다. 비트코인을 편입하지 않고 미국 주식과 채권을 5:5 비중으로 구성한 포트폴리오 성과는 1.5배 성장에 그쳐 가장 수익성이 저조했다.

수익률의 변동성 대비 초과 수익을 비율로 나타낸 샤프비율 측면에서도 비트코인을 5% 편입한 포트폴리오가 주식과 채권으로만 구성된 포트폴리오 대비 월등히 좋은 성과를 보여주었다. 그리고 2016년 1월부터 2023년 4월까지 각 포트폴리오의 연 환산 수익률을 비교한 결과에서 비트코인을 5% 편입했을 때 포트폴리오의 연 환산 투자 수익률은 16.9%를 기록해 가장 우월했고, 편입을 하지 않은 포트폴리오의 연 환산 투자 수익률은 6.6%에 불과했다.

비트코인을 편입했을 때 포트폴리오 성과가 대폭 개선된 이유는 비트코인이 지난 2017년과 2020년 연간 각각 1,557%, 291%라는 월등히 높은 가격상승률을 기록했기 때문이다. 이어서 연도별 자산군의 투자 수익률을 비교했을 때 주식과 채권의 연 투자 수익률이 주로 1~20%대에 형성된 것에 반해 비트코인은 2017년 1,557%, 2020년 291%라는 높은 연 투자 수익률을 기록했다. 물론 비트코인은 가격 하락 폭도 커서 2018년에는 -82%, 2022년에는 -76%의 투자

■ 비트코인 편입 비율별 수익률과 샤프비율 개선

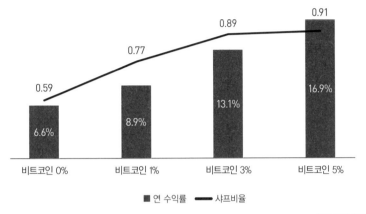

■ 주식, 채권, 비트코인 투자 수익률 비교

수익률을 기록하기도 했다.

또한 5% 내외의 수준으로 비트코인을 편입한 포트폴리오가 전통

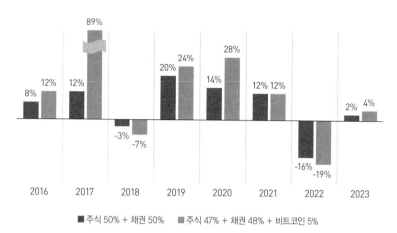

■ 비트코인 편입 시 포트폴리오 투자 수익률

89%

20% 24%

28%

12% 12% 14%

12%

8% 12%

2% 4%

-3%
-7%

-16%
-19%

2016 2017 2018 2019 2020 2021 2022 2023

■ 주식 50% + 채권 50%   ■ 주식 47% + 채권 48% + 비트코인 5%

출처: 저자 정리

적인 주식+채권만으로만 구성된 포트폴리오보다 높은 성과를 낼 수 있고, 높은 가격 변동성을 고려하더라도 이러한 이점은 여전히 유지될 것으로 예상된다. 예를 들면 비트코인을 편입한 포트폴리오의 샤프비율이 0.91을 기록한 반면 주식과 채권으로만 구성된 포트폴리오의 샤프비율은 0.59로 상당한 차이가 있었다.

포트폴리오 내
적정한 비트코인 편입 비율은?

앞선 사례에서 전통적인 주식과 채권으로 구성된 포트폴리오가 비트코인을 1%, 3%, 5% 편입했을 때 비트코인을 편입하지 않은 포트폴리오보다 수익률과 샤프비율이 모두 좋았다는 점을 확인했다. 그렇다면 비트코인 비율을 10% 또는 20%까지 확대한다면 샤프비율은 얼마나 더 많이 개선될 수 있을까? 그리고 비트코인 비율 확대와 포트폴리오 샤프비율 개선은 항상 정비례 관계일까?

비트코인 편입비율을 10%까지 확대하고 주식과 채권의 비율을 각각 45%씩 유지하는 포트폴리오 성과를 확인한 결과, 2016년 1월부터 2023년 4월까지 포트폴리오 연평균 수익률은 24.9%를 기록해 비트코인을 5%만 편입했을 때(16.9%)보다 높은 수익을 창출한 것으로 나타났다. 그러나 가격 변동성 대비 초과 수익률을 나타내는 샤프비율은 0.90으로 비트코인을 5%만 편입했을 때(0.91)보다 소폭 낮아졌다.

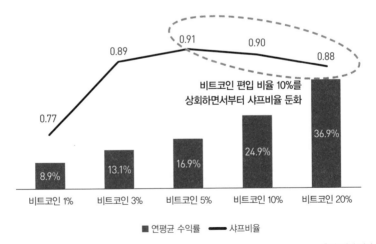

■ **비트코인 편입 비율별 연평균 수익률과 샤프비율**

■ 연평균 수익률　━ 샤프비율

출처: 저자 정리

좀 더 극단적으로 비트코인 비율을 20%까지 높이고 주식과 채권의 비율을 40%씩 유지하는 포트폴리오로 확인한 결과 연평균 수익률은 36.9%를 기록했지만 샤프비율은 0.88로 더 떨어지는 것으로 나타났다.

즉 비트코인 편입 비율이 10%를 넘어가는 시점부터는 포트폴리오의 수익률이 높아지는 만큼 가격 변동성이 커지면서 샤프비율은 오히려 떨어지는 것으로 나타났다. 2016년 1월부터 2023년 4월까지 포트폴리오 성과에 따르면 주식, 채권, 비트코인으로 이루어진 포트폴리오에서 비트코인 편입 비율은 10%를 넘지 않게 유지하는 것이 가격 변동성을 고려할 때 적절하다고 볼 수 있다.

DIGITAL ASSET

제 3 장

실전 디지털자산 투자

디지털자산,
그래서 무엇을 사야 할까?

증권 업계에서 오래 근무하신 금융 전문가분이 사석에서 해주신 이야기를 공유하고자 한다. 세미나에 연사로 초청되어 1시간 정도 현재의 거시경제 상황과 향후 전망 등에 대해 혼신을 다한 설명을 마치고 질의응답 시간이 되면 꼭 나오는 질문이 있다고 한다. "그래서 무엇을 사야 해요?"

그분으로서는 힘이 쭉 빠질 만한 질문이다. 그런데 그분의 다음 말씀이 더 재미있다. 그런 일을 여러 번 겪고 난 다음부터는 아예 강연 시작 전에 "여기 계신 분들이 1시간 동안 강연을 집중해서 잘 들어주시면 강연 마지막에 몇 종목을 찍어드리겠습니다"라고 하면 강연 분위기가 그렇게 뜨거울 수 없다고 했다.

이 책의 독자들은 대부분 디지털자산에 이미 투자하고 있거나, 디지털자산 투자를 하려고 마음먹은 분들일 것이다. 그렇지만 디지털자산 거래소 애플리케이션을 다운받아 코인 이름을 쭉 훑어보고, 관련된 기사를 읽어보아도 도대체 무엇을 사야 할지 모르겠다는 분이 많다. 따라서 특정 코인을 추천해줄 수는 없지만 최소한 코인 가격이 어떠한 이유로 오르고 내리는지에 대해서는 한 번쯤 생각해보고 투자할 수 있도록 참고가 될 만한 내용을 정리해볼 것이다.

다시 돌아가보자. 금융 전문가분께 "그래서 어떤 종목을 주로 추천해주세요?"라고 물어보았더니 자신은 대개 삼성전자를 추천하신다고 했다. 그래서 "그건 누구나 다 아는 종목 아닌가요? 왜 하필 삼성전자인가요?"라고 물었더니 다음과 같은 대답이 돌아왔다. "개인 투자자들이 주식 투자를 하면 90% 이상의 사람은 돈을 잃거든요. 특히 작전주나 테마주에 현혹되면 내가 투자한 주식이 상장폐지될 수도 있고요. 그런데 삼성전자가 망할까요? 우리나라가 망하기 전까지 삼성전자는 안 망할 것 같으니 길게 생각하면 가장 안전하고 기대수익도 높은 투자인 거죠."

망하지 않을 회사에 투자하라. 참 쉬우면서도 지키기 어려운 조언이다. 절대로 망하지 않을 것 같은 우량 대형주는 아무래도 가격의 변동 폭이 작아 기대할 수 있는 수익이 크지 않을 것 같은 생각이 드니 투자하기가 왠지 꺼려진다.

디지털자산 중에서는 비트코인이 국내 증시에서의 삼성전자 같은 존재다. 아마 비트코인은 디지털자산 시장이 사라지더라도 가장 마지막까지 살아남을 코인일 것이다. 그런데 이제 투자하자니 너무 비트코인 가격이 많이 오른 것 같고, 다시 불장이 오더라도 다른 코인에 비해 기대수익이 크지 않을 것 같은 생각이 들기도 한다.

그렇다면 이더리움은 어떨까? 비트코인 다음으로 유명한 디지털 자산이다. 게다가 비트코인과 달리 '스마트 콘트랙트'의 실행도 가능하고, 얼마 전 NFT[Non-Fungible Token] 열풍이 불었을 때 대부분의 NFT 프로젝트가 이더리움 기반으로 이루어져서 비트코인에 비해 가격의 상승 폭이 훨씬 컸다는 기사도 나온 것 같다. 그런데 막상 이더리움에 투자를 하자니 비트코인보다 이해하기도 훨씬 어렵고, 비트코인 못지않게 가격도 훌쩍 올라 있는 것처럼 느껴진다.

아예 요즘 새로 나온 코인으로 눈을 돌리면 어떨까? 언론에서 전하는 리플[XRP], 솔라나 등 여러 코인에 대한 내용에는 이더리움보다 TPS가 훨씬 빠르다거나, 해외송금에 특화되어 있어 여러 글로벌 은행과 협업한다거나 하는 호재들이 있으니 이더리움이 아니라 이러한 코인들이 훨씬 기대수익이 높은 것 아닐까? 반면 주변 지인이 '루나'라는 코인에 투자해 큰 돈을 벌었다고 의기양양했었는데, 얼마 후 그 코인이 휴지 조각이 되어버리고 '루나'의 창업자는 구속되어 재판을 기다리고 있다는 기사를 보았다. 이러한 상황에서 우리는 과연 어떤 디지털자산에 투자해야 할까?

이는 디지털자산에 투자하기로 결정한 투자자의 머릿속에 떠올릴 만한 생각이다. 위험이 따르지 않는 투자는 없겠지만 그래도 공부해서 피해 갈 수 있는 위험이라면 피해 가는 것이 좋을 것이다. 그리고 코인 가격이 어떠한 요소에 의해 결정되는지 대략적으로 알고 있다면 오르내리는 코인 가격에 밤잠을 설치며 일희일비하는 일은 조금은 줄어들 것이다. 이제 우리는 비트코인과 이더리움 그리고 알트코인, 세 가지 분류로 나누어 각 코인에 투자하기 전에 고려해야 할 요소들을 보다 구체적으로 살펴볼 필요가 있다.

비트코인 가격결정 요소
-공급 측면

디지털자산 시장의 초창기에는 비트코인이 전체 시가총액에서 차지하는 비중이 약 90% 정도였기 때문에 비트코인 가격 변동으로 디지털자산 시장 전체의 움직임을 설명할 수 있었다. 디지털자산 시가총액 2위에 자리하는 이더리움도 비트코인 등장 후 6년이 지나고 나서야 탄생했다. 하지만 수많은 디지털자산이 새로 탄생하고 여러 알트코인이 투자자들의 관심을 끌면서 비트코인의 지배력은 예전에 비해 상대적으로 약화되었다.

그럼에도 불구하고 수년간 디지털자산 시장에 차지하는 비트코인의 비중이 40%대를 꾸준히 유지되고 있는 점을 보았을 때 비트코인이 디지털자산 시장의 대장주라는 점은 틀림이 없다. 그렇다면 비

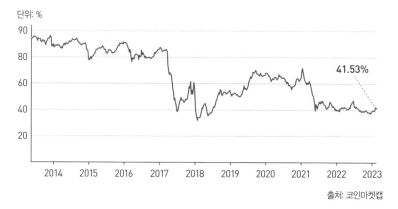

■ 디지털자산 총 시가총액 중 비트코인 비중 추이

단위: %

41.53%

출처: 코인마켓캡

트코인에 투자하기 전에 어느 요소들을 눈여겨보아야 할까?

4년마다 공급이
반으로 줄어드는 비트코인

연암 박지원 선생의 작품 『허생전』을 보면, 가난한 양반인 허생은 아내가 돈을 벌어오라고 하소연을 하자 집 밖으로 나가 변씨 성을 가진 부자에게서 1만 냥을 빌린다. 허생은 빌린 1만 냥을 가지고 안성 시장에 가서 모든 과일과 말총을 다 산 후, 가격이 10배 뛰어오를 때 자신이 샀던 과일과 말총을 되팔아 차익을 챙긴다. 과일과 말총의 가격이 올라간 이유는 단순하다. 과일과 말총의 시장 수요는 그대로이지만, 허생의 녹점과 유사한 구매로 인해 시장 공급량이 급격히

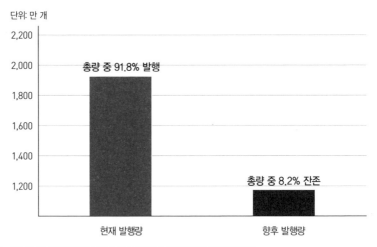

단위: 만 개

▶ 비트코인 신규 발행은 대략 2140년까지 이어질 것으로 전망했다.

출처: 코인게코

하락하게 되자 과일과 말총이 희소해졌기 때문이다.

디지털자산의 가격을 예측하는 것은 불가능하지만, 비트코인만큼 수급에 정직한 디지털자산은 없을 것이다. 꽤 많은 디지털자산이 정해지지 않은 발행량을 보이고 있으며, 재단이 발행량을 통제하는 디지털자산도 있다. 비트코인의 최대 발행량은 2,100만 개로 정해져 있고, 이를 재단이나 다른 주체가 임의적으로 바꿀 수 있는 것도 아니기 때문에 비트코인의 신규 발행은 언젠가는 끝을 보이게 된다. 2022년까지 비트코인 총량의 약 92%가 발행되었는데, 시장에 유통되는 비트코인의 수량이 최대 발행량에 더 가까워질수록 비트코인의 희소성은 더욱 높아지게 될 것으로 예상된다.

■ 반감기와 비트코인 가격 추이

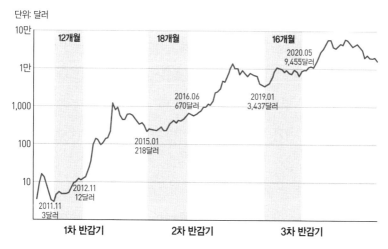

단위: 달러

출처: 저자 정리

비트코인은 대략 4년마다 한 번씩 채굴 보상이 절반으로 감소하는 반감기를 거친다. 비트코인에 반감기가 설계된 주된 이유는 컴퓨터 기술력이 발전함에 따라 채굴량은 많아지고 공급량이 급증하면 인플레이션이 발생해 비트코인의 가치가 하락할 수 있기 때문이다. 역사적으로 반감기가 일어난 후에 비트코인 가격은 대폭 상승한 후에 소폭 하락하는 경향을 보여왔다.

2016년 7월 9일에 블록 보상이 25BTC에서 12.5BTC로 감소한 후에 비트코인의 가격이 1년간 728달러에서 1만 9,118달러까지 2,627% 상승했었고, 2020년 5월 11일에 블록 보상이 6.25BTC로 감소한 후에는 비트코인의 가격이 1년간 8,753달러에서 6만 7,617달러까지 773% 상승했다.

표본이 많지는 않지만 지난 3번의 반감기에서 볼 때 반감기 전후로 3년의 상승과 1년의 하락이 4년 주기로 존재했다. 반감기 전 크립토 윈터 시기 비트코인 가격의 최저점은 반감기로부터 12~18개월 전에 나타났다. 이번 2024년 4월에 예정된 반감기를 전후한 사이클을 살펴보자. 과거의 사례를 따른다면, 지난 2022년 11월의 가격인 1만 5,479달러가 최저점일 확률이 높다. 반감기가 거듭될수록 비트코인 가격의 상승 폭은 계속 줄어드는 흐름을 보이지만, 반감기가 지난 뒤 2025년 말까지 상승을 보일 것으로 예측된다.

다만 지난 3번의 반감기는 공교롭게도 미국의 금리 인하 사이클 같은 시장 우호적인 매크로 환경이 겹친 결과라는 의견 또한 존재한다. 따라서 연준의 2024년 금리 인하 움직임 같은 여러 변수를 종합적으로 고려할 필요는 있다.

로스트
코인

여기까지 이해했다면 비트코인의 통화량 증가 폭은 4년마다 감소하겠지만, 전체 통화량은 지속적으로 증가할 것이라고 생각될 것이다. 그러나 실제 데이터에 따르면 시장에서 유통되는 비트코인의 총량은 매일 조금씩 줄어들고 있다고 한다. 바로 '로스트 코인' 때문이다.

'로스트 코인'이란, 사용할 수 없는 주소로 코인을 송금해 '그 코인을 더 이상 되찾을 수 없는' 상태가 된 코인을 의미한다. 우리가 지갑을 잃어버렸고, 그 지갑에 5만 원이 들어있다고 가정해보자. 이 5만 원은 누군가 주워서 사용할 수도 있지만, 쓸 수 없는 주소로 보내진 비트코인은 그 비트코인이 해당 주소로 송금되었다는 기록만 남긴 채 그대로 사라진다(정확히는 다른 곳에 송금할 수 없게 된다).

2020년 체이널리시스Chainalysis 리포트에 따르면 약 370만 개의 비트코인이 지난 10년 동안 움직임이 없는 상태이며, 하루 평균 약

■ **비트코인 유효 공급량**

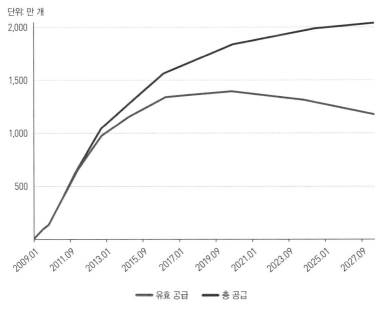

단위: 만 개

출처: 체이널리시스

1,500개의 비트코인이 사실상 사라진 것으로 추산된다.

비트코인컴Bitcoin.com 뉴스에 따르면 비트코인이 현재 연 4%씩 사라지고 있으며, 2020년 기준 전체 유통량의 28%가 움직이지 않고 있다고 한다. 지갑 주인들이 개인키 분실 또는 잘못된 주소 입력 등의 이유로 인해 실제로 비트코인을 잃어버린 것인지 아니면 그저 휴면계좌처럼 비트코인 거래를 하지 않고 있는 것인지 알기 어렵다. 그러나 한 가지 확실한 것은 공급량에 영향을 끼칠 정도로 유의미한 숫자의 비트코인이 움직이지 않고 있다는 사실이다.

사토시 나카모토는 이러한 로스트 코인을 '자연적 디플레이션[*]'이라고 부르며, 결제 실수나 개인키 분실에 의한 자연적 디플레이션이 발생할 가능성을 언급한 바 있다.[**] 그는 2010년도에 보낸 이메일에서 "미래 어느 순간에는 보상 지급에 의한 코인의 발행량이 로스트 코인에 의한 감축량보다 적어져서 디플레이션이 나타날 수 있다"라고 예측한 바 있다.

사실 비트코인을 화폐로 사용하기를 바라는 입장에서는 '디플레이션'이 달가운 일은 아니다. 만약 모든 참여자가 비트코인의 가치가 시간이 지날수록 높아진다고 기대한다면 비트코인을 사용해버리는 것보다 장기간 보유하고 있는 편이 훨씬 좋을 것이기 때문이다. 따라서 화폐로서의 비트코인 사용량은 줄어들 수밖에 없다.

---

[*] 『사토시의 서』(필 샴페인 저, 한빛미디어, 2021)
[**] 디플레이션 자산 개념은 비트코인 이후의 디지털자산 생태계에도 영향을 끼쳤으며, 로스트 코인 메커니즘은 코인으로 참여자들에게 보상을 제공하는 경제 생태계를 구축하는 필수 개념이 되었음

반면 비트코인을 투자의 대상으로 바라보는 입장에서는 디플레이션 속성이 비트코인에 투자해야 할 중요한 이유 중 하나가 될 수도 있을 것이다. 특히 법정화폐와 비트코인을 비교해볼 때 이는 커다란 장점이 된다. 중앙은행은 국채, 즉 정부가 보유한 빚을 담보로 화폐를 발행한다. 정부 또한 다른 경제 주체와 마찬가지로 자신이 보유한 부채라고 할 수 있는 국채 이자를 보유자들에게 지급해야만 한다. 이로 인해 각국 정부는 더 많은 화폐를 찍어냄으로써 금리를 낮추어 이자 지급 부담을 줄이고, 궁극적으로 통화 가치를 낮추어 실질적인 부채 부담을 낮추고자 하는 유혹에 빠질 수밖에 없다.

이러한 이유로 우리나라를 포함한 대부분의 국가에서 물가 관리를 중앙은행의 최우선 목표로 명시하고, 중앙은행의 독립성을 법적으로 보장하고 있다. 그러나 아르헨티나, 튀르키예와 같은 국가들에서 정치적 이유로 중앙은행이 인플레이션을 용인한 결과, 화폐 가치가 크게 하락하고 이에 따라 국민의 부 또한 빠르게 증발해버린 사례가 있음을 우리는 이미 알고 있다. 따라서 정부와 중앙은행에 대한 신뢰가 낮고 화폐 가치가 크게 하락한 경험이 많은 나라의 국민들이라면 비트코인이 더욱 매력적인 선택지로 느껴질 것이다.

지금까지 살펴본 것처럼 어떤 이유든지 매년 4%씩의 비트코인 유통량 감소가 지속적으로 발생한다면 가격에는 매우 긍정적인 요인으로 작용할 것임을 쉽게 예측할 수 있다.

비트코인의 가격결정 요소 – 수요 측면

법정화폐의 유동성이
비트코인의 가격을 결정한다

비트코인의 가격은 다른 자산과 마찬가지로 수요, 공급 요인에 의해 결정된다. 그런데 비트코인 공급은 수요의 변화에 따라 탄력적으로 변화되는 것이 아니라 4년마다 신규 공급이 절반으로 줄어드는 특성이 있다. 따라서 비트코인 수요가 일정하게 증가하는 상황을 전제했을 때, 비트코인 가격은 4년마다 공급이 반으로 줄어드는 특성으로 훨씬 탄력적으로 상승하게 된다. 이런 측면에서 이미 숫자가 정해져 있는 공급 측면보다는 비트코인 수요를 움직이는 요인들을 살펴보는 것이 중요하다.

비트코인 수요에 영향을 미치는 요인은 크게 법정화폐의 유동성, 비트코인 수용도로 나뉜다. 다음 그래프는 미국 연준의 총자산과 디지털자산 시가총액을 나타낸다. 2020년 코로나19 팬데믹 발생 직후 미국 연준은 시중의 채권을 대규모로 매입했고 그 금액만큼 시중에는 달러가 풀려 나갔다. 미국 연준이 달러를 계속 발행하는 것으로 달러의 실질 가치가 떨어지면서 달러로 표시되는 주식, 비트코인, 부동산 등 거의 모든 자산 가격이 일제히 상승했다. 그리고 비트코

■ 미국 연준 총자산과 디지털자산 시장 시가총액 추이

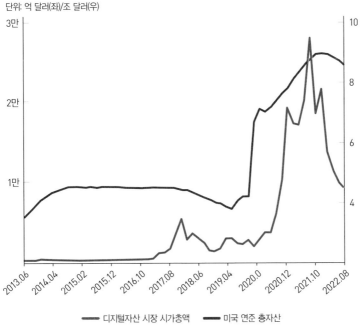

단위: 억 달러(좌)/조 달러(우)

── 디지털자산 시장 시가총액　── 미국 연준 총자산

출처: 블룸버그, 코인게코, 저자 정리

인은 모든 자산군 중 가격 상승 폭이 가장 컸다.

엄청나게 많은 양의 통화가 시중에 풀리면서 세계경제는 2022년부터 높은 인플레이션에 시달리고 있다. 미국 연준은 이제 인플레이션을 잡기 위해 기준금리를 올리면서 시중 유동성을 다시 빨아들이는 중이다. 이 과정에서 비트코인을 비롯한 디지털자산 시가총액은 동반 하락세를 보이고 있다. 앞으로 연준이 기준금리 인하로 돌아서고 시중에 다시 유동성이 풀려야 하는 어떤 이벤트가 발생한다면 비트코인 가격은 달러 가치 하락 영향으로 다시 상승하는 단계에 진입할 것이다.

비트코인
수용도

수요 측면의 두 번째 요인인 비트코인 수용도는 기존 법정화폐의 가치 하락이 우려되거나 정부의 예금동결 조치 같은 이유로 개인의 재산권이 침해 당한다면 유의미하게 변화해왔다. 2023년 3월 실리콘밸리 은행 파산, 2022년 2월 러시아-우크라이나 전쟁, 2016년 브렉시트Brexit(영국의 EU 탈퇴) 사건이 발생하자 각 국가에서 비트코인 매수가 급증하고 신규 지갑주소가 증가하는 현상이 나타났다. 반대로 마운트곡스Mt. Gox의 파산, 국내 ICOInitial Coin Offering(초기 코인 공개) 금지 조치 이후에는 가격 하락이 나타났다.

한편 전체적인 디지털자산의 가격 흐름은 다음 그림에서 보는 바와 같이 수용도 관련 이벤트보다는 미국 연준의 유동성 공급 정도와 더 밀접한 관계를 보이고 있다. 이는 각각의 사건이 개별 국가에서 산발적으로 발생하는 경향이 있고, 디지털자산도 결국 여타 자산들

■ **디지털자산 시장 이벤트와 시가총액 추이(2013~2016)**

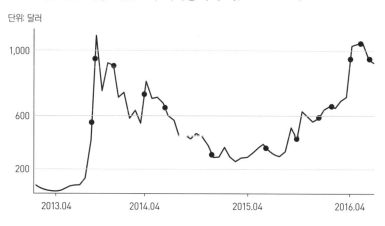

단위: 달러

2013년	2014년	2015년	2016년
7월: 판테라 비트코인 펀드 출시 **11월:** 미국 정부, 비트코인 통화 수단 인정 필요성 언급 **12월:** 중국 바이두 비트코인 결제 금지, 코인베이스 260억 원 투자 유치	**2월:** 마운트곡스 해킹 사태 **4월:** 마운트곡스 청산 신청 **6월:** 애플, 비트코인 관련 애플리케이션 승인 **12월:** 리눅스 재단, 하이퍼레저 출시	**7월:** 이더리움 최초 발행 **9월:** 서클 인터넷 파이낸셜, 비트라이선스 취득	**2월:** 일본, 「가상통화 화폐 인정법」 개정 추진 **5월:** IBM, 한국 금융기관과 블록체인 사업화 **6월:** 브렉시트 우려로 비트코인 급등, The DAO 해킹 사태 **7월:** 비트코인 두 번째 반감기

출처: 코인게코, 저자 정리

■ 디지털자산 시장 이벤트와 시가총액 추이(2013~2022)

단위: 10억 달러

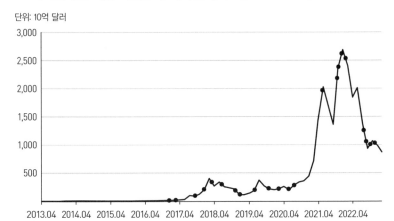

	2017년	2018년	2019년
	7월: 바이낸스 설립, BNB 최초 발행 **9월:** 국내 ICO 금지 **12월:** CME 비트코인 선물 상장	**전반:** 글로벌 경제 위기로 유동성 감소 **10월:** USDC 최초 발행 **11월:** 유니스왑 출시	**4월:** 테라-루나 출시 **11월:** 「특정 금융거래정보의 보고 및 이용 등에 관한 법률」 개정

	2020년	2021년	2022년
	2월: 코로나19 팬데믹 **3월:** 미국 제로금리로 무제한 양적완화 선언 **5월:** 비트코인 세 번째 반감기	**5월:** 테슬라 차량 비트코인 구매 중단, 중국 금융 기관의 디지털자산 채굴 거래 금지 선언, 미국 1만 달러 이상 디지털자산 국세청 신고 의무화 **4분기:** 연준 양적긴축 논의 시작 **10월:** BITO 상장	**1월:** 테슬라, 일부 상품 도지코인 결제 허용 **2월:** 러시아-우크라이나 전쟁 발발 **2분기:** 연준 양적긴축 시작 **5월:** 테라-루나 사태 **8월:** 블랙록, 비트코인 현물 프라이빗 트러스트 출시 **9월:** 이더리움 머지 **10월:** 파운드화 폭락, BNB 해킹, 일론 머스크 트위터 인수 **11월:** FTX 사태

출처: 코인게코, 저자 정리

과 마찬가지로 미국 달러로 가치가 표기되기 때문에 미국 연준의 통화정책이 가격에 미치는 영향력이 훨씬 크다고 볼 수 있다.

디지털자산 가격에 영향을 미치는 국가별 수용도 변화

그럼에도 불구하고 얼마나 많은 사람이 비트코인을 가치 저장 수단 또는 결제 수단으로 사용하는지에 대한 정보는 비트코인의 장기적인 수요 기반을 결정하는 중요한 요소다. 더 많은 사람이 비트코인의 가치를 인정하고 사용할수록 통화정책에 따른 가격 변동성은 줄어들고, 가격 조정을 받더라도 저점을 높여주는 기반이 될 것이기 때문이다.

현재 비트코인은 자국화폐에 대한 신뢰가 상대적으로 낮은 국가에서 통용되고 있다. 그러나 신흥국 중심이라고 하더라도 점점 많은 나라가 비트코인을 결제 수단으로 받아들인다면 법정화폐 시스템이 비교적 안정적인 국가에도 무역 결제 등을 위해서 일정 부분 비트코인을 보유해야 하는 유인이 생기게 될 것이다.

온체인 데이터 분석 기업인 '체이널리시스'는 국가별로 디지털자산이 일상생활에 어느 정도 침투되어 사용되고 있는지를 나타내는 인덱스를 만들어 매년 발표하고 있다. 인덱스는 디지털자산 거래량과 국가별 개인 소득을 고려해 점수화한 것으로, 결과가 '1'에 가까울수록 디지털자산 수용도가 높고, 숫자가 '1'보다 클수록 수용도가 낮음을 의미한다.

국가별 수용도를 인넥스로 점수화한 결과로 2022년 기준 가정 수용도가 높은 국가는 베트남이며 이어서 필리핀, 우크라이나, 인도, 미국 순이다. 여기서 베트남, 필리핀이 상위에 위치한 이유는 수용도를 점수화할 때 국가별 개인 소득 수준이 고려되었기 때문이다. 즉 1인당 소득 대비 디지털자산 거래 및 사용 정도가 동일하다면 소득 수준이 낮은 국가일수록 더 높은 점수를 얻을 수 있다.

그럼에도 우크라이나, 인도, 브라질, 러시아 등이 높은 수용도를 보이는 배경은 꽤 흥미롭다. 우크라이나는 2022년 2월 러시아에 침공당한 이후 자국화폐 가치가 떨어지고 자국민의 은행 시스템 접근이 어려워지면서 비트코인을 활용하는 정도가 대폭 늘어나게 되었다. 우크라이나 국민은 은행에서 현금 인출이 제한되자 일상적인 구매를 위해 비트코인을 활용하기 시작한 것이다.

우크라이나를 침공한 러시아는 우크라이나 침공에 대한 서방의 제재로 2022년 2월 이후 스위프트SWIFT망(국제은행 간 결제망)에서 배제되었다. 이로 인해 러시아는 미국 달러가 아닌 다른 무역 결제 수단을 마련해야 할 필요성이 높아졌다. 이것이 러시아가 디지털자산을 공식적인 교역 결제 수단으로 받아들이게 된 배경이다. 2022년 11월 러시아 금융위원회 위원장은 향후 국가 간 결제 수단으로 디지털자산을 허용하는 법안을 채택할 예정이라고 밝혔으며, 스위프트망에서 배제되어 대미, 대EU 수출이 감소되고 있는 러시아가 디지털자산으로 무역 대금을 결제할 때 러시아의 상대 교역국들 또한 디

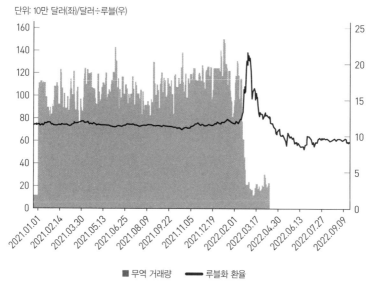

■ **루블화 환율과 무역 거래량 추이**

단위: 10만 달러(좌)/달러÷루블(우)

■ 무역 거래량 ── 루블화 환율

출처: Bruegel, Bank of Russia, 블룸버그

지털자산 교역을 공식적으로 허용하게 될 가능성이 높다. 이러한 흐름으로 보자면 미국 달러의 지위는 과거 대비 약화되는 반면 디지털자산의 위상과 수용도는 상대적으로 높아질 것으로 보인다.

디지털자산 수용도가 높아지면 각국 정부는 디지털자산을 법과 제도로 편입시키려는 경향이 강하다. 또한 국가정책이 디지털자산에 친화적인 방향으로 변화할수록 디지털자산 가격은 긍정적인 방향으로 움직이는 경향이 있다. 물론 이와 반대로 디지털자산 금지정책으로 인한 가격 하락 사례도 심심치 않게 발견되는데, 이를 방증하는 국가의 사례들을 살펴보자.

디지털자산 거래소
폐쇄 소식

우리나라는 2017년 12월 정부에서 디지털자산에 대한 투자를 '투기'로 정의하고 디지털자산 거래소 폐쇄를 논의한 적이 있다. 당시 정부는 디지털자산(당시 '가상통화')이 가격 변동 폭이 크고 국민의 가상통화에 대한 관심이 뜨거워지자, 이를 '투기'로 판단하고 가상통화의 투자 사기, 거래소 해킹 가능성, 시세 조작, 불법자금 유입 등을 염려해 가상통화 근절 대책을 발표했다. 당시 전 세계에서 가상통화 투자 열기가 가장 뜨거웠던 대한민국에서 이러한 소식이 나오자 전 세계 비트코인 시가총액은 2주 사이에 1/3이 증발했다. 그야말로 한국에서의 작은 날개짓이 비트코인 시가총액의 1/3을 허공으로 날려보낸 셈이다.

■ **규제에 따른 비트코인 가격 변화**

	2013년 12월	2017년 9월	2018년 1월
규제 내용	중국 금융 기관, 비트코인을 포함한 디지털자산 관련 상품 및 서비스 제공 금지	중국 규제당국, ICO 전면 금지	박상기 법무장관, "국내 디지털자산 거래소 폐쇄 목표"
비트코인 가격 변화	1,078달러 → 519달러	4,702달러 → 3,606달러	1만 7,462달러 → 1만 1,633달러

출처: 코인데스크, 코인마켓캡

앞서가던 중국의 변심,
다가온 미국의 현물 ETF 승인

2013년경 중국은 전 세계에서 디지털자산 채굴과 거래가 가장 활성화되어 있던 국가였다. 하지만 자본의 움직임과 자본의 국외 유출을 엄격하게 통제해야 한다는 중국 내 여론이 거세지자, 중국 공산당 정부는 같은 해 12월 금융 기관들이 비트코인을 포함한 디지털자산 관련 상품 및 서비스를 제공하는 행위를 금지하게 된다. 나아가 2017년에는 ICO를 금지했는데, 이로 인해 당시 비트코인 가격은 2주 사이에 23%가량 하락하기도 했다.

　반대로 비트코인에 대한 규제가 완화되거나 제도권으로 편입되는 움직임이 발표되면 투자자들의 기대감이 오르며 디지털자산의 가격에 긍정적 영향을 미치기도 한다. 2015년 6월 뉴욕주 정부는 디지털자산 사업 라이선스인 '비트라이선스BitLicense'를 도입했는데 이로 인해 2주 만에 비트코인의 가치는 10% 상승한 적이 있다. 2023년 8월, 디지털자산 자산운용사인 그레이스케일Grayscale이 미국 연방 법원에 미국 증권거래위원회를 상대로 제기한 소송(미국 증권거래위원회가 그레이스케일의 비트코인 현물 ETF 상장을 거부한 것은 부당하다는 내용)에서 그레이스케일이 승소하자 비트코인 가격이 하루 만에 5% 상승하기도 했는데, 당시 투자자들은 미국의 비트코인 현물 ETF 승인이 코앞으로 다가왔다고 판단했던 것이다. 앞서 살펴본 바와 같이 디지털자산이 제도권으로 편입되는 움직임이 뉴스로 보도될 때마다 디지털자산 가격은 상승하는 모습을 보이고 있다.

비트코인이 일상에서 쓰인다면?
엘살바도르의 비트코인 실험

2021년 6월 9일, 세계 최초로 비트코인을 법정화폐로 도입한 나라가 나타났다. 바로 중앙아메리카 중부 태평양 연안의 나라 엘살바도르다. 엘살바도르는 법정화폐로 비트코인을 도입했으며, 그 결과 국민은 비트코인으로 세금을 내고, 물건을 사고팔며, 은행 대출을 상환할 수 있게 되었다. 비트코인의 내재적 가치와 지위에 관한 설왕설래가 많지만 한 국가가 공식적으로 자국 통화로서 비트코인을 채택했다는 사실 그 자체로 전 세계 규제당국과 투자자들에게 상당한 충격이었다.

그렇다면 엘살바도르는 왜 비트코인을 법정화폐로 도입했을까? 엘살바도르는 1인당 국내총생산이 우리나라의 1/8에 불과한 중앙아메리카의 대표적인 빈국이며, 20세기 후반 이후 독재, 내전 등으로 경제 성장과 사회 인프라가 제대로 마련되지 않은 나라다. 상황이 이렇다 보니 엘살바도르 국민은 일찍이 '아메리칸드림'을 찾아 나라를 떠나 외국에 정착한 친척과 가족들이 송금해주는 돈에 의지하게 되었는데, 가구의 생계유지에 큰 비중을 차지하는 해외 송금에 따른 수수료 같은 비용이 국민에게 큰 부담이었다. 이에 정부는 해외 송금 수수료 경감 조치의 일환으로 비트코인을 지급 결제 수단으로 채

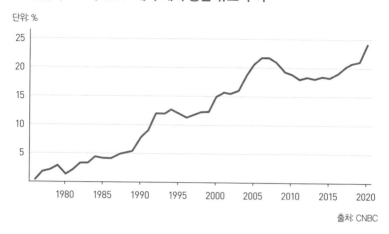

■ 엘살바도르의 GDP 대비 해외 송금 규모 추이

단위: %

출처: CNBC

택한 것이다.

더불어 엘살바도르의 법정화폐는 미국의 달러였는데, 달러의 도입에도 불구하고 매년 국민이 체감하는 송금 수수료는 높고, 자국민의 계좌 보유 비율 등 금융 시스템의 접근도도 낮은 수준으로 유지되자 엘살바도르는 법정화폐로 비트코인을 채택하게 되었다. 즉 비트코인을 경제의 활력 제고와 금융 포용을 위한 수단으로 받아들이게 된 것이다.

안타깝게도 현시점에서 엘살바도르 정부의 비트코인 법정화폐 채택은 성공했다고 말하기는 어려운 상황이다.[*] 다만 하나의 국가가 비트코인을 공식 화폐로 인정했다는 실제 사례만으로도 비트코인은

---

[*] 2022년 4월 미국의 비영리 연구조직인 전미경제연구소National Bureau of Economic Research, NBER에서 발표한 논문에 따르면, 치보 지갑은 이미 대부분의 엘살바도르 국민이 더 이상 사용하지 않는다고 평가함

그 가치와 잠재력을 세상에 보여주었다고 볼 수 있다.

브라질, 지급 결제 수단으로
디지털자산 합법화

디지털자산이 법정화폐로서의 지위를 인정받지 못하더라도, 지급결제 수단으로 활용된다면 디지털자산의 미래는 과연 어떻게 될까? 이러한 물음에 대한 답변이 될 만한 움직임이 브라질에서 일어나고 있다.

2022년 12월 브라질 정부는 디지털자산 결제를 허용하는 법안을

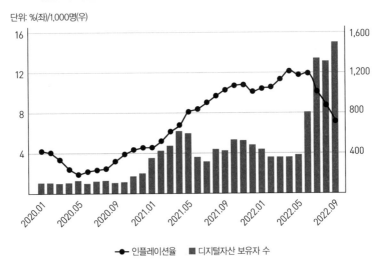

■ 브라질 디지털자산 보유자 수와 인플레이션율 추이(2020~2022)

단위: %(좌)/1,000명(우)

출처: 브라질 연방세무부, 브라질 중앙은행

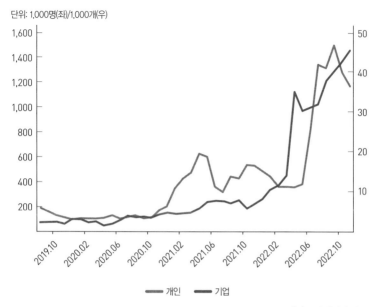

■ 디지털자산을 보유한 브라질 국민과 기업 수 추이

단위: 1,000명(좌)/1,000개(우)

개인 ━━ 기업

출처: 브라질 연방 세무부

공포했다. 디지털자산에 대해 법정화폐의 지위까지는 인정하지 않았지만, 지급 결제 수단으로는 인정한 것이다. 브라질은 어떤 이유로 디지털자산 결제를 허용한 것일까? 이는 국민의 디지털자산 보유 및 사용에 대한 요구가 크게 늘었기 때문인 것으로 보인다. 브라질 연방세무부에 따르면, 지난 2022년 11월 기준 약 4만 5,000곳 이상의 브라질 기업이 디지털자산을 보유한 것으로 나타났으며 이는 1년 전 대비 약 9배 급증한 수치다. 같은 기간 디지털자산을 보유한 브라질 국민도 약 116만 명으로 2배 이상 증가했다.

브라질 국민의 디지털자산 수용도가 높은 이유에는 경제적 요소의 영향이 크다. 최근 헤알화가 지속적으로 평가절하되고 있으므로 브라질 국민이 인플레이션 헤지 차원에서 디지털자산 보유를 지속적으로 늘리고 있는 것으로 보인다.

2021년 기준 브라질의 인플레이션율은 10.06%로 2015년 이후 최고치이자 1994년 브라질 헤알화 도입 이후 네 번째로 높은 수준이다. 이에 브라질 국민은 헤알화를 주로 테더Tether 같은 스테이블코인으로 전환해 헤알화 가치 하락에 대응하고 있다. 브라질 디지털자산 거래소 비스토Bitso에 따르면 스테이블코인 거래량은 2022년 전년 대비 85% 이상 증가했으며, 주로 중소기업과 해외로 출국하는 개인이 수요를 견인한 것으로 나타났다. 최근 비트코인 대신 스테이블코인 보유를 택하는 비중이 높아졌다는 점에서 이를 달러라이제이션Dollarization(자국화폐가 미국 달러화로 대체되는 현상)의 새로운 형태로 보는 시각도 존재한다. 다만 추후 비트코인 시세의 변동 추이에 따라 그 수요가 다시 비트코인으로 옮겨갈 가능성도 있기에 귀추가 주목되는 부분이다.

러시아, 무역 대금 지급 수단으로
디지털자산 합법화

2022년 2월 우크라이나를 침공한 러시아도 국가 간 무역 대금 지급 수단으로 디지털자산 도입을 추진하고 있다. 러시아는 전쟁으로 인한 서방 제재로 스위프트망에서 배제된 이후, 루블화 거래량이 급감하고 서방으로의 수출이 감소한 반면 중국, 인도, 튀르키예 등 친밀한 관계를 유지하고 있던 권위주의 국가 대상 수출이 빠르게 증가하고 있다.

이런 가운데 지난 2022년 11월 블라디미르 푸틴Vladimir Putin 대통령은 러시아 최대 은행 스베르방크Sberbank가 주최한 행사에서 스위프트망 배제를 언급하며 글로벌 금융 결제 시스템의 독점을 비판하고 독립적인 블록체인 기반 결제 네트워크의 필요성을 역설했다. 그는 "디지털 통화와 블록체인 기술은 보다 편리하고 사용자에게 절대적으로 안전한 새로운 국제 결제 시스템을 만드는 데 사용될 수 있으며, 무엇보다 은행이나 제3국의 간섭에 의존하지 않을 것"이라면서, "모든 당사자에게 해를 끼치는 금융 시스템을 독점하고 있는 기관의 명령을 좋아하는 사람은 아무도 없을 것이기에 블록체인 기술 기반의 새 시스템이 반드시 만들어지고 발전할 것이라 확신한다"라고 언급했다.

한편 같은 11월 러시아 금융위원회 위원장 아나톨리 악사코프Anatoly Aksakov 및 의회 의원들은 비트코인 등 디지털자산의 채굴 및 판매를 합법화하는 「디지털 금융 자산, 디지털 통화에 관한 러시아 연방법」의 개정안을 제출했다. 이 법안으로 인해 러시아 내 비트코인 채굴과 현금화가 가능해질 것으로 관측된다. 또한 아나톨리 악사코프는 현지 언론사인 이즈베스티야Izvestia와의 인터뷰에서 국가 간 결제 수단으로 디지털자산을 허용하는 법안을 채택할 예정이라고 밝혔다. 자국 내 결제 수단으로 디지털자산을 활용하는 것은 금지하지만 국가 간 무역 대금을 지급하는 것은 가능하게 한다는 방침이다. 미국 달러 결제 시스템에서 탈피해 독자적인 결제망을 구축하려는 러시아 정부의 의지를 감안하면 이번 법안이 통과될 시 러시아뿐만 아니라 중국, 튀르키예 등 러시아의 무역 상대국 내에서도 스테이블코인, 비트코인 등 디지털자산에 대한 수요가 확대될 가능성이 있다.

아울러 추진 중인 법안은 비트코인 채굴을 허용하는 내용을 담고 있다. 러시아는 지난 2018년부터 디지털자산의 개념을 정립하며 현재 추진 중인 개정안의 원안이 되는 「디지털 금융 자산, 디지털 통화에 관한 러시아 연방법」을 2021년 발효하고 그해 11월부터 디지털

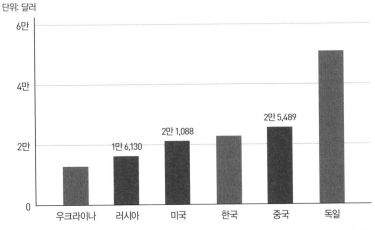

■ 국가별 비트코인 채굴 비용

단위: 달러

출처: 비주얼캐피털리스트Visualcapitalist

자산 채굴 합법화를 제안한 바 있다. 러시아가 디지털자산에 주목하는 이유는 미국과 서방의 경제 제재에 대응하는 것이 가장 큰 이유지만, 다른 나라와 비교했을 때 러시아의 비트코인 채굴 비용이 현저하게 낮다는 점도 중요한 이유 중 하나다. 비트코인 1개 채굴에 소요되는 비용을 국가별로 비교했을 때 러시아의 채굴 비용은 약 1만 6,000달러로, 비트코인 가격이 해당 가격을 넘을 때 채산성이 있는 것으로 나타났다. 미국과 중국, 독일 등이 1개의 비트코인 채굴을 위해 약 2만 달러 이상을 소요해야 하는 것에 비해 약 20% 이상 저렴한 것이다.

앞서 예시를 든 실제 디지털자산 도입 사례들을 살펴보면 실제로 세계의 여러 국가가 디지털자산 도입을 가속화하고, 관련 정책을 법제화하고 있다는 것을 알 수 있다. 물론 여전히 소수의 국가만이 무역 결제 수단이나 지급 결제 수단으로 비트코인을 비롯한 디지털자산을 인정하고 있지만, 이러한 흐름이 지속된다면 디지털자산 시가총액은 매우 큰 폭으로 증가할 가능성이 있다.

각국의 디지털자산 관련 정책 동향은 디지털자산 시세와 수익률에 큰 영향을 미치는 중요한 요소임에 틀림없다. 이처럼 투자자들은 투자 결정을 할 때 거시적 측면에서 디지털자산 수용도에 지속적인 관심을 가질 필요가 있다.

이더리움의
가격결정 요소

비트코인이 디지털 골드로 불리며 가치 저장 수단으로서의 가능성을 인정받고 있다면, 비트코인 다음으로 투자자에게 잘 알려진 이더리움은 무엇이라고 부를 수 있을까? '디지털 골드' 다음가는 디지털 자산이기 때문에 '디지털 실버'라고 일컫는 전문가도 있고, 넓은 활용성을 갖추었기에 '디지털 오일'이라고 부르자는 의견도 존재한다. 여러 별명을 가지고 있는 이더리움은 디지털자산 시장에서 은과 같이 금 다음가는 역할을 맡을 수도 있고, 다양한 산업의 필수 소재로 활용되는 원유와 같이 넓은 범용성과 엄청난 잠재력을 갖춘 디지털자산이다.

비탈릭 부테린이 2014년에 공개한 이더리움 백서에 적혀 있는 바와 같이 이더리움의 목적은 디앱^{DApp}(탈중앙화 애플리케이션) 제작을 위해 대체 프로토콜을 구축하는 것이다. 비트코인과 달리 이더리움에는 특정한 조건들이 충족되면 어떠한 행위가 실행되는 스마트 콘트랙트가 구현될 수 있어 보다 넓은 활용성을 지닌다. 현재 이더리움 블록체인 위에는 탈중앙화 디지털자산 거래소, 게임, NFT 마켓 플레이스 등 약 4,200개의 디앱들이 운영되고 있다.

그중에 많이 알려진 디앱 중 하나를 뽑으라면 세계 최대 NFT 거래소인 '오픈시^{OpenSea}'가 있다. 대표적으로 2021년에 NFT 열풍을 불러일으킨 크립토펑크^{Cryptopunks}와 BAYC$^{Bored\ Ape\ Yacht\ Club}$가 오픈시에서 이더리움으로 거래 가능한 NFT 컬렉션이다.

디지털자산 시장에서 시가총액 2위 자리를 굳건하게 지키고 있는 이더리움의 시가총액 비중은 2017년에 디지털자산 시장 총 시가총액 중 30%를 넘어선 적도 있었으나, 최근 2년간 대략 15%에서 20%

■ **디지털자산 총 시가총액 중 이더리움 비중 추이**

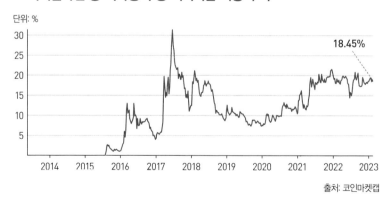

단위: %

출처: 코인마켓캡

사이를 유지하고 있다. 전 세계 최대 블록체인 플랫폼인 이더리움 가격의 변동은 디지털자산 시장에 큰 영향을 주고는 한다. 이어서 어떤 요소들이 이더리움의 가치에 큰 영향을 끼치는지 다루어보고 자 한다.

플랫폼으로서의
이더리움

소각량이 발행량보다 더 높아지게 되어 이더리움이 디플레이션 성격을 지닌 화폐Deflationary Currency가 된다 하더라도 사용자들이 이더리움을 사용하지 않고, 더 나아가 블록체인 자체를 외면하면 이더리움에 대한 기대감도 낮아질 것이다.

앞서 다룬 이더리움의 하드포크와 이더리움 머지가 공급에 지대한 영향을 끼치는 이벤트들이라고 하면, NFT와 같은 이더리움의 주요 사용처와 솔라나와 같은 이더리움의 경쟁 플랫폼들이 수요에 영향을 끼치는 주요 요소들이라고 할 수 있다. 또한 이더리움의 거래량, 거래 금액 등은 이더리움의 수요를 반영하는 지표들이라고 할 수 있다.

1. NFT
대체 불가능한 토큰을 의미하는 NFT는 토큰별로 고유성을 가지고 있기에 우리가 흔히 아는 비트코인, 이더리움과 달리 토큰별로 교환이 불가능하다. 2021년은 바야흐로 NFT의 해라고 표현할 수 있는데, 디지털 아티스트 '비플Beeple'의 10초 길이의 영상이 약 74억 원에 팔리고 트위터 창립자 '잭 도시Jack Dorsey'의 역사상 첫 트윗이 약 32억 원에 팔리는 등 다양한 주체에 대한 소유권이 판매되며 NFT에 대한 관심이 2021년에 폭증했다. 2021년에 전년 대비 시장 규모가 45배 성장한 NFT는 전 세계적으로 유명한 콜린스Collins 사전에 2021년 올해의 단어로 선정되며 전성기를 맞이한 바가 있다.

이더리움 블록체인의 수요에 대해서 이야기하자면 NFT를 빼놓을 수가 없다. 블록체인별 NFT 점유율을 살펴보자면 이더리움이

■ **블록체인별 NFT 점유율**

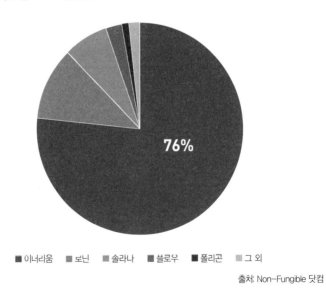

출처: Non-Fungible 닷컴

차지하는 비중이 76%이고, 나머지 블록체인들이 차지하는 비중이 24%에 불과하나. 이더리움이 NFT 생태계에 사실상 기축통화로 사용되므로 지금까지 NFT의 수요와 이더리움의 수요는 같은 방향으로 움직였다. 따라서 향후에도 NFT에 대한 관심도가 이더리움의 가치에 영향을 끼칠 가능성이 높다.

2. 경쟁 플랫폼

21세기는 기라성 같은 전문가들과 기업인들의 노력으로 IT 산업이 본격적으로 꽃피기 시작한 시대라고 할 수 있다. 인터넷과 컴퓨터의 보급을 시작으로 스마트폰, 태블릿 등 다양한 첨단 기기가 등장하며 인류가 정보를 취득하고 타인과 소통하는 방식에 큰 변화가 생겼고, 소프트웨어 기업들은 혁신을 거듭하지 않으면 생존할 수 없게 되었다.

마이크로소프트Microsoft의 데스크톱 운영체제처럼 한 기업이 한 분야에서 압도적인 위치를 꾸준히 유지하는 사례가 생겨났다. 반면 마이크로소프트의 인터넷 익스플로러Internet Explorer와 같이 한 기업이 초

■ 블록체인 플랫폼 비교

	이더리움	카르다노	폴리곤	솔라나	이오스
시가총액(달러)	2,000억	133억	118억	91억	13억
TPS	10~30	250	7,000	5만	4,000

출처: 저자 정리

반에 시장을 이끌어가다가 크롬Chrome 같은 후발주자에게 선두 자리를 뺏긴 사례도 있다.

즉 이더리움이 현재 제일 많이 사용되는 블록체인 플랫폼이지만, 후발주자들이 시장의 파이를 더 많이 가져갈 수 있는 가능성은 언제든지 열려 있기 때문에 이더리움에 투자하기 전에 여러 플랫폼에 대한 전망도 눈여겨볼 필요가 있다.

비트코인이 1세대 블록체인이라 불리고 여기에 스마트 콘트랙트를 더한 이더리움이 2세대 블록체인이라 불린다면, 2세대 블록체인에서 확장성과 효율성을 개선한 블록체인들이 3세대 블록체인이라고 불린다. 그동안 솔라나, 카르다노, 폴리곤MATIC 등이 '이더리움 킬러'라고 불리며 이더리움을 위협할 3세대 블록체인들로 주목을 받았다.

다만 현시점에서는 '이더리움 킬러'들이 이더리움을 암살하는 데 실패했다. 그러나 향후에 다양한 블록체인 기술의 발전과 새로운 메인넷의 등장에 따라 이더리움이 마이크로소프트의 데스크톱 운영체제와 같이 시장의 1인자 자리를 계속 지켜낼 것인지 혹은 인터넷 익스플로러처럼 후발주자들에게 뒤처지게 될 것인지 판가름날 것이다.

3. 거래량

지금까지 이더리움 플랫폼에서 발생한 총거래 건수를 보여주는 그래프에서 2017년과 2021년에 거래량이 평소보다 높게 기록된 것

■ **이더리움 거래량 추이**

단위: 만 건

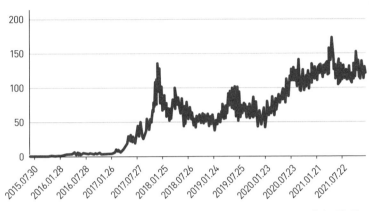

출처: 크립토퀀트

을 확인할 수 있다. 2017년은 '제1차 크립토 붐'*이라고 불린 시기고, 2021년은 '제2차 크립토 붐'이라고 볼 수 있는 시기다.

2017년에는 투자자들의 디지털자산에 대한 관심이 전반적으로 상승했을 뿐만이 아니라, 이더리움 블록체인 플랫폼을 기반으로 수많은 ICO가 진행되었다. 2017년에 이더리움으로 ICO를 진행했던 대표적인 프로젝트들(코인)은 뱅코르BNT, 디센트럴랜드MANA, 골렘GLM 등이다.

2021년에는 전 세계적 저금리 기조로 인해 전체적인 투자 수요가

---

* 이는 한국 기준의 표현이며, 한국은 거래소의 부재 같은 이유로 2017년 이전의 인지도가 미비해 2017년을 1차 붐으로 인지하고 있으나, 국외에서는 비트코인의 가격이 크게 올랐던 2012~2014년을 1차 크립토 붐으로 설명함

폭증했다. 수많은 투자자가 디지털자산뿐 아니라 NFT와 디파이^{DeFi}*
에 관심을 가지게 되면서 NFT 거래의 기축통화이자 수많은 디파이
프로토콜의 기반이 되는 이더리움의 거래량이 높은 수치를 기록한
것으로 보인다.

이더리움의 가치는
어떻게 평가할까?

'디지털 오일' '디지털 실버' 등으로 불리는 이더리움은 어떻게 정의
할 수 있고, 어떻게 가치를 산정할 수 있을까? 이더리움을 플랫폼 기
업에 비교해보자.

물론 이더리움은 영리 목적으로 만든 플랫폼 기업이 아니기에 거
래 수수료는 이더리움 재단 측에 돌아가는 것이 아니라 블록체인 생
태계에 밸리데이터로 참여하는 기여자들에게 돌아간다. 따라서 직
접적인 비교는 어려울 수 있지만, 대표적인 모바일 애플리케이션 마
켓인 구글 플레이스토어와 애플 앱스토어를 비교하면 이더리움의
위상을 대략적으로 가늠할 수 있다.

플랫폼별로 운영되는 애플리케이션 수를 보면 구글 플레이스토
어와 애플 앱스토어가 제공하는 애플리케이션 수는 약 200만 개를

---

* 탈중앙화Decentralized와 금융Finance의 합성어로 탈중앙화된 금융 시스템을 뜻함

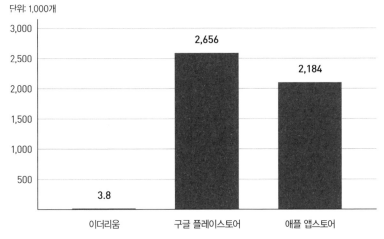

■ 플랫폼별 애플리케이션 수

단위: 1,000개

출처: 비즈니스 오브 앱스Business of Apps

가뿐히 넘기는 것에 비해, 이더리움 블록체인을 기반으로 운영되는 디앱 수는 약 3,800개에 불과하다.

반면 수수료를 놓고 보면 이더리움 블록체인과 양 사의 플랫폼을 비교했을 때 나타나는 차이는 작다. 이는 이더리움 가스비*가 상대적으로 비싸기 때문이다. 약 3,800개 디앱만을 보유하고 있는 이더리움 블록체인에서 2020년 1년간 발생한 수수료 총액이 약 43억 달러였던 것에 비해, 200만 개 이상의 애플리케이션을 보유하고 있는 애플 앱스토어의 2022년 매출이 약 870억 달러, 구글 플레이스토어의 2022년 매출이 약 423억 달러 정도였다. 현재 애플 앱스토어의

---

* 이더리움 기반 네트워크 수수료이며, 지갑에서 다른 지갑으로 코인을 전송할 때 드는 비용

수수료율이 30%이고 구글 플레이스토어의 수수료율이 15%로 결코 낮은 편은 아니다.

코리아블록체인위크에서 비탈릭 부테린은 향후 수차례의 업그레이드 이후 이더리움의 가스비가 0.002~0.005달러 수준으로 인하될 것이라 예측했다. 저렴해진 수수료는 사용자들의 진입장벽을 낮추는 유인책이 될 것이고, 플랫폼으로서 이더리움의 가치는 보다 높아질 수 있을 것이다.

이더리움을 화폐로 분류해보자면 하나의 디플레이션 통화로 이해할 수 있다. 앞서 언급한 바와 같이 이더리움 블록체인에는 거래가 발생할 때마다 새로운 블록이 생성되는 과정에서 밸데데이터에게 보상으로 주어지는 이더리움이 새로 발행되지만, 일정한 양의 이더리움이 소각되기 때문에 과다 발행으로 인한 인플레이션이 발생할 가능성은 상당히 낮다.

한편 2022년 12월 31일 기준 미국의 본원통화(민간 보유 현금)량은 약 5조 4,000억 달러였던 것에 비해, 이더리움의 시가총액은 2.7%에 불과한 약 1,468억 달러 수준이었다. 현재 블록체인 플랫폼이 대중화되지 않고, 이더리움 플랫폼상에서 발생하는 거래량은 전 세계 모든 본원통화 거래량에 비해 비교될 수 없을 만큼 적다는 점을 감안하면 이더리움 플랫폼의 대중화 정도에 따라 기축통화인 이더리움의 가치도 영향을 받을 것으로 보인다.

비트코인과 이더리움 외
코인 이야기

비트코인이 디지털자산 시장에서 차지하는 비중은 대략 42%이고, 이더리움이 차지하는 비중은 대략 18%다. 둘을 합하면 60%인데 나머지 40%는 어떤 디지털자산이 차지하는 것일까? 2023년 3월 코인마켓캡에 기재되어 있는 디지털자산은 총 9,058개로 비트코인과 이더리움을 제외하면 9,056가지의 디지털자산이 존재한다. 비트코인의 소스코드는 오픈소스이기 때문에 누구든지 그 소스코드를 약간 변용하는 것만으로 새로운 알트코인을 발행할 수 있다. 전 세계 디지털자산 종류 수의 추이를 보여주는 그래프와 같이 2013년 이후 수많

■ **전 세계 디지털자산 종류 수 추이**

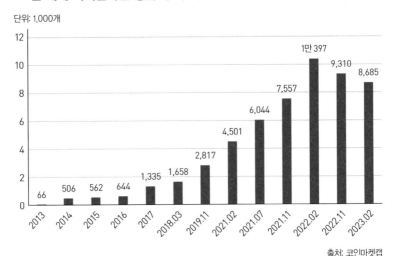

단위: 1,000개

출처: 코인마켓캡

은 알트코인이 시장에 등장한 바 있다.

대안alternative과 코인을 합친 합성어인 알트코인은 일반적으로 비트코인을 제외한 모든 디지털자산을 가리킨다. 알트코인의 수는 2022년 초까지 꾸준히 상승했다가 최근 몇 년간은 감소 추세를 보이고 있다.

이제 전체 디지털자산 시장의 40%를 차지하는 이더리움을 제외한 알트코인에 대해 알아보고, 이에 투자하기에 앞서 어떤 요소들을 고려해야 하는지 살펴보고자 한다.

알트코인
투자의 세계

이더를 제외한 알트코인에 투자하기 전에 해당 디지털자산이 어떠한 문제를 해결하기 위해 만들어졌고, 어떠한 특성을 가지는지 이해할 필요가 있다. 따라서 알트코인의 개발 목적과 구조적인 특성에 따라 분류해 알아보고자 한다.

블록체인의 존재 유무
- 코인 vs. 토큰

디지털자산을 크게 코인과 토큰으로 구분할 수 있다. 자체적인 블록체인 네트워크(이하 메인넷)를 가진 디지털자산을 코인이라 부르고, 자체적인 메인넷을 보유하지 않고 기존의 메인넷상에서 기술 규격에 맞게 발행한 디지털자산을 토큰이라고 부른다. 대표적인 예로 비트코인, 이더리움, 리플 등은 자체적인 네트워크를 가지고 있기에 코인으로 분류할 수 있으며 테더, 유니스왑UNI, 메이커다오MakerDAO 등은 토큰으로 분류한다. 이는 메인넷의 구동을 위해 사용되는 자산인지, 메인넷상에 구현된 디앱의 활용을 위해 사용되는 자산인지를 구분하는 것이기도 하다.

설명이 어렵다면 우리에게 익숙한 스마트폰 애플리케이션 생태계에 비유해보겠다. 메인넷은 애플의 앱스토어 자체를, 디앱은 앱스토어에 올라와 있는 수많은 애플리케이션을 떠올려보면 이해가 쉬울 것이다. 특정 메인넷에 대한 기술력과 그 위에서 돌아가는 생태계 전반에 투자하고 싶다면 코인에, 특정 디앱이 보유한 특정 비즈니스 모델에만 투자를 하고 싶다면 그와 관련된 토큰에 투자해야 할 것이다.

다만 최근에는 기존의 메인넷을 활용하다가 자체적인 메인넷을 구축한다거나, 자체 메인넷에서 이더리움같이 기존에 존재하던 메인넷 기반으로 이동(보통 '마이그레이션'이라 한다)하는 사례가 있어 두 용어를 엄격하게 구분하지 않기도 한다. 예를 들어 이더리움 메인넷상에서 존재했던 엑시인피니티AXS는 자체적인 메인넷을 만들어 토큰에서 코인으로 변환된 사례다.

레이어 1:
체인 본연 기능의 차별화

블록체인의 기능적 측면에서는 레이어 1 체인, 레이어 2 체인, 크로스체인과 인터체인 등으로 분류할 수 있다. 레이어 1 체인은 우리가 일반적으로 말하는 메인넷을 말한다. 비트코인, 이더리움이 레이어 1에 해당하며, 소위 '이더리움 킬러'로 불렸던 솔라나, 트론^{TRX}, 이오스^{EOS} 등 또한 레이어 1 체인에 해당한다. 레이어 1 체인들은 저마다의 목적에 따라 더 발전된 블록체인 생태계(스마트 콘트랙트 플랫폼)를 꾸리기 위한 차별점을 가지고 있다. 이러한 차별점에는 거래 속도, 전송 수수료, 합의 알고리즘 등이 있다.

솔라나는 낮은 전송 수수료와 빠른 TPS를 강점으로 하는 메인넷이다. 전송 수수료는 일반적으로 0.0001달러 수준이며, TPS 또한 최대 5만까지 나타난다. 이더리움의 전송 수수료가 일반적으로 0.5~2달러 사이이며, TPS가 17~20 정도에 머무르는 것을 고려할 때 상대적인 장점을 지닌다. 솔라나는 높은 TPS와 낮은 수수료라는 장점을 내세워 2021~2022년 매직에덴^{Magic Eden}과 같은 NFT 마켓플레이스에서 급속히 성장했다. 하지만 높은 TPS를 구현한 대신 거래 중 네트워크 작동이 멈추는 등의 사건이 발생한 적이 있어 메인넷의 안정성 문제가 지적된 바 있다.

이오스 또한 이더리움보다 빠른 처리속도와 낮은 수수료를 강점으로 내세우는 메인넷이다. 이더리움은 작업증명에서 지분증명으로의 변환(이에 대한 자세한 내용은 3장 '레벨업'의 '이더리움 하드포크와 머지' 부분을 참고하기 바란다) 같은 지속적인 노력에도 불구하고 전 세계 수많은 노드의 합의가 필요하다는 특성으로 인해 처리속도를 끌어올리는 데 한계가 존재했다. 이오스는 이에 대한 해결책으로 DPoS^{Delegated PoS}(권한위임지분증명) 방식을 제안했다. 이오스 소유자들은 본인이 보유하고 있는 이오스의 양에 비례해 검증자를 뽑을 수 있는 권한을 얻는다. 이 과정에서 뽑힌 21명의 검증자는 동일한 확률로 블록 생성 권한을 얻게 되며, 이때 블록 생성 보상은 채굴자에게, 전송 수수료는 이오스 소유자들에게 배분된다. 흔히 이 방식은 현실 정치에서 유권자가 국회의원을 선출하고, 국회의원들이 표결로 법률을 제정하는 '대의 민주주의' 방식에 비유된다. 검증에 필요한 노드가 21개로 제한됨에 따라 TPS 3,000 이상의 처리속도를 구현할 수 있다고 알려져 있다.

레이어 2:
레이어 1의 확장성

레이어 2는 레이어 1의 확장성을 위해 생겨난 체인으로, 이더리움 생태계에서 가장 많은 발전을 보여주고 있는 분야다. 오늘날의 이더리움은 지난 몇 년간 많은 사람의 관심을 지속적으로 받으며 트랜잭션 수가 기하급수적으로 증가해왔다. 지난 2017년 7월 이더리움의 일별 평균 트랜잭션 수는 약 4만 5,000건이지만, 2023년 1월을 기준으로는 약 100만 건으로 20배가량 늘어났다. 이더리움 네트워크에 저장하는 데이터의 양도 기하급수적으로 증가했다. 데이터의 양이 늘어날수록 노드를 운영하는 검증자들의 디스크 공간 사양도 늘어나기 때문에 이더리움의 발전에 제약이 될 수 있다.

이러한 문제를 해결하기 위해 레이어 2라는 개념이 등장했다. 레이어 2라는 별도의 블록체인에서 수행된 트랜잭션들을 정리해 그 결과만 레이어 1에 기록하는 형식으로 레이어 1의 확장성을 만들고자 했다. 확장성을 구현하기 위한 레이어 2 기술의 종류로는 '사이드체인' '롤업' 등이 있다.

사이드체인은 블록체인 확장성 솔루션 진행 중 초기에 등장한 기술 중 하나다. 레이어 1의 체인의 옆에 붙어 기존 체인에 의존해 작동하는 하위체인을 사이드체인이라고 한다. 사이드체인은 기존 레이어 1 체인의 트랜잭션을 일부를 받아 처리하고, 그 결과를 돌려주는 식으로 확장성을 만든다. 대표적인 예시로 폴리곤^{MATIC}이 대표적인 이더리움 사이드체인이다.

최근에는 레이어 2 확장성 기술 중 롤업이 가장 각광받고 있다. 현재 이더리움의 향후 발전 프로세스 또한 롤업을 활용한 확장성 확보이기 때문이다. 롤업은 사이드체인과는 다르게 독립적인 노드를 보유한 체인에서 거래를 수행하고 결과만을 레이어 1에 저장하는 방식이다. 롤업은 거래를 수행하고 기록하는 방식에 따라 옵티미스틱 롤업$^{Optimistic\ Rollup}$과 영지식 증명 롤업$^{ZK-Rollup}$으로 나뉜다. 현재 시장에서는 옵티미즘^{OP}, 아비트럼^{ARB} 등 옵티미스틱 롤업 관련 디지털자산들이 영지식 증명 롤업보다 주목받고 있다. 최근에는 미국의 디지털자산 거래소 코인베이스에서 옵티미스틱 롤업을 기반으로 한 레이어 2 체인인 베이스^{Base}를 출시하기도 했다. 다만 이더리움의 업그레이드 로드맵에서는 영지식 증명 롤업들이 앞으로 각광받을 수 있는 부분들이 있다.

네트워크를 연결하는 인터체인

인터체인은 서로 다른 메인넷 사이에서 여러 디지털자산을 이용할 수 있도록 하는 기술이다. 각각의 독립적인 레이어 1 체인에서는 다른 호환되지 않는 체인의 디지털자산을 이용할 수 없다. 예를 들어 이더리움 네트워크상의 코인을 솔라나 네트워크로 전송하는 것은 불가능하다. 하지만 이를 가능하게 만드는 인터체인 기술이 나타났다.

인터체인은 여러 체인들의 디지털자산을 다른 체인에서 이용할 수 있게 하는 기술이다. 서로 다른 네트워크들을 연결하기 위해 인터체인은 연결하고자 하는 체인에 일정한 규격(프로토콜)으로 거래를 보내고 받을 것을 요구한다. 이 규격 내에서 서로 다른 체인들의 거래가 인터체인이라는 매개체를 이용해 가능하게 된다. 이에 해당

하는 체인의 예시로 폴카닷, 코스모스체인 등이 있다.

코스모스체인은 인터체인의 특성을 잘 살리기 위해 인터체인에 연결할 수 있는 블록체인 개발 환경이 잘 만들어진 것으로 유명하다. 블록체인을 처음부터 끝까지 기획해 개발하는 것은 매우 어렵다. 그러나 코스모스 SDK^{Software Development Kit}(소프트웨어 개발 키트)를 활용하면 코스모스 허브(코스모스의 코어 블록체인)에서 이용하는 프로토콜에 맞는 블록체인을 쉽게 만들고 프로젝트를 구현할 수 있다.

체인의 구조에 따라서도 코인을 분류할 수 있으나, 흔히 뉴스나 투자 관련 정보에서 얻을 수 있는 정보는 기능적인 카테고리별 분류로 자주 접했을 것이다. 레이어 2도 이러한 것들 중에 하나일 수 있으나, 이번에는 디지털자산의 기능적 목적에 따라 여러 카테고리들을 정리해보았다.

디파이 코인
그리고 씨파이 코인

디파이는 블록체인상에서 나타나는 디지털자산 간의 금융활동을 말한다. 이는 디지털자산 투자 시 가장 쉽게 접하는 섹터 중에 하나일 것이다. 디파이 활동들을 할 수 있도록 제작된 디앱 플랫폼이 DEX(탈중앙화 거래소)다. 이의 대표적인 예시로는 유니스왑, 스시스왑^{Sushiswap}, 팬케이크스왑^{Pancakeswap} 등이 있다. DEX 이외에도 이더리움 스테이킹 유동화를 위한 리도 다오^{Lido DAO}, 디지털자산 기반 스테이블코인 다이^{DAI}를 발행하는 메이커다오 등 또한 디파이에 관한 디지털자산으로 볼 수 있다.[*]

이와 반대되는 성향의 코인으로는 씨파이^{Centralized Finance, CeFi} 코인들이 있다. 씨파이 코인은 중앙화된 디지털자산 거래소들이 발행해 거래소의 수수료 절감 같은 혜택을 제공하기 위해 이용된다. 대표적인 예시로 바이낸스코인, 후오비토큰, FTT 등이 있다. 바이낸스코인은 자체적인 메인넷을 만들어 일종의 레이어 1 코인이라고 할 수 있지만, 보유 시 바이낸스 거래소에서의 수수료 혜택을 제공한다는 점에서 씨파이 코인으로도 볼 수 있다.

메타버스와
NFT

메타버스^{Metaverse}는 가상을 뜻하는 'Meta'와 세계, 우주를 뜻하는 'Universe'의 합성어로, 현실이 아닌 가상공간에서 콘텐츠를 구현하는 것을 뜻한다. 블록체인상에서도 메타버스는 구현이 가능한데, 이때 소유권 증명을 위해 NFT가 이용된다. 메타버스 관련 대표적인 디지털자산으로는 더 샌드박스^{SAND}, 디센트럴렌드 등이 있다. 더 샌

---

* 다오^{DAO}는 Decentralized Autonomous Organization의 약자로, 특정 주체를 중심으로 하지 않고 별도의 명령이나 관리가 필요 없는 조직을 뜻함

드박스는 더 샌드박스라는 가상현실 플랫폼에서의 토지 및 상품들을 NFT를 이용해 발행하고, 이를 오픈시 같은 NFT 마켓플레이스에서 거래할 수 있도록 한다. 더 샌드박스에서 이용할 수 있는 NFT를 보유한 계좌를 플랫폼에 연결하면 이용자들은 그에 상응하는 권한을 얻어 NFT를 사용할 수 있다.

NFT 프로젝트가 성장하며 메타버스를 만들어내기도 한다. 미국의 블록체인 스타트업 유가랩스Yuga Labs는 본인들의 NFT 프로젝트인 BAYC, BAKC, MAYC 등이 성공하자 이 NFT를 활용하기 위한 메타버스 게임 플랫폼 '아더사이드'를 출시했다. 이후 유가랩스에서 제작한 메타버스 플랫폼에서 활용할 수 있는 디지털자산인 에이프코인APE이 발행되었고, NFT 보유자들에게 이를 에어드롭(투자 비율에 따라 무상 제공)하는 식으로 혜택을 주었다.

가치가 연동되는 스테이블코인

알트코인의 범주에는 스테이블코인들도 포함된다. 다른 디지털자산과 달리 스테이블코인의 가치는 특정 통화나 상품에 고정되어 있는데, 현재 대부분의 스테이블코인은 미국 달러 가치에 페깅[*]되어

---

[*] 영어로는 'pegging'이며 '못을 박아 고정한다'를 뜻함

■ 종류별 스테이블코인 담보 유형 및 특징

담보 유형	담보물	특징	예
법정화폐 담보형	법정화폐	– 발행 기관이 발행한 스테이블코인의 수만큼 법정화폐 준비금을 담보로 갖추어야 함 – 법정화폐 담보는 주로 오프체인(주로 은행 계좌)에 보관되어 있음	USDC, USDP, USDT
디지털 자산 담보형	디지털 자산	– 디지털자산을 담보로 갖춘 스테이블코인 – 디지털자산의 가격 변동성으로 인해 담보 비율이 1:1을 초과함	DAI, FEI
알고리즘	거버넌스 토큰	– 알고리즘에 따라 토큰의 수급량이 결정되며 가격이 유지되는 스테이블코인 – 스테이블코인과 스테이블코인의 가치를 뒷받침하는 거버넌스 토큰이 공생하는 구조	USDD, USN

출처: 저자 정리

있다. 스테이블코인은 실제 자산의 가치에 연동되기 때문에 일반적으로 스테이블코인의 가격은 다른 디지털자산의 가격 변동성과 상관없이 움직이지 않고 고정되어 있는 것이 일반적이지만, 스테이블코인의 성질, 발행 재단의 상황 등에 따라 페깅이 깨지는 사례도 존재한다.

스테이블코인은 크게 세 가지 종류로 나뉜다. 법정화폐 담보형, 디지털자산 담보형, 알고리즘형이다. 법정화폐 담보형 스테이블코인은 발행 재단이 발행한 스테이블코인의 수만큼 법정화폐 준비금을 담보로 가지고 있고, 법정화폐 담보는 주로 오프체인(은행 계좌)에 보관되어 있다. 대표적인 법정화폐 담보형 스테이블코인으로 USDC

와 USDT 등이 있다.

디지털자산 담보형 스테이블코인은 디지털자산을 담보로 갖춘 스테이블코인이다. 이 유형의 스테이블코인은 비트코인, 이더리움과 같은 다른 디지털자산을 담보로 발행된다. 가격 변동성이 높은 디지털자산의 특성상 법정화폐 담보형과 달리 디지털자산 담보형 스테이블코인의 담보 비율은 1:1을 초과하는 것이 일반적이다.

마지막으로 알고리즘 스테이블코인은 알고리즘에 따라 토큰의 발행량이 결정되며, 해당 스테이블코인의 가치가 페깅되어 있는 법정화폐의 가치로 유지된다. 일반적으로 스테이블코인과 스테이블코인의 가치를 뒷받침하는 거버넌스 토큰이 공생하는 구조인데, 2022년 세간을 뒤흔들었던 테라-루나 사태의 테라(스테이블코인)와 루나(거버넌스 토큰)가 대표적인 예다. 이와 같은 구조는 투기 공격에 취약하기 때문에 최근 미국, 유럽, 홍콩 등 주요국에서 논의 중인 디지털자산 관련 법안에는 알고리즘 스테이블코인에 대해 금지에 준하는 강력한 규제가 포함될 것으로 알려져 있다.

스테이블코인에 주목해야 하는 이유는 스테이블코인이 디파이 생태계에서 맡고 있는 역할 때문이다. 디파이 상태계에서는 중앙화된 주체가 없기 때문에 법정화폐를 맡겨놓을 대상이 없고, 디지털자산을 매개체로 거래를 하기에는 디지털자산의 높은 변동성에 따른 리스크가 크다. 이러한 문제들을 해결하기 위해 디파이 생태계에서는 가치가 고정되어 있고 개인의 지갑에 보관할 수 있는 스테이블코인이 주로 사용된다.

예를 들어 탈중앙화 거래소 내에서는 대부분의 거래가 스테이블 코인과 다른 디지털자산을 묶은 '트레이딩 페어' 기반으로 이루어진다. 또한 디파이에서 스테이블코인을 담보로 맡기면서 대출을 받을 수 있고, 반대로 스테이블코인을 예치함으로써 이자 수익을 얻을 수도 있다.

유행에 따라 흥망이 결정되는 밈 코인

밈Meme 코인들은 사용처가 따로 없고 인터넷과 SNS에서 유행하는 밈을 따와서 장난으로 만들어진 디지털자산이다. 대중에게 널리 알려져 있는 밈에서 영감을 받아 만들어진 코인이기 때문에 블록체인에 대해 잘 모르는 투자자들에게는 솔라나, 카르다노와 같은 디지털자산에 비해 밈 코인들이 더 잘 알려져 있기도 하다. 대중적으로 제일 유명한 밈 코인을 뽑으라면 많은 사람이 투자했던 세계 최초의 밈 코인인 '도지DOGE 코인'을 떠올릴 것이다.

도지 코인은 IBM 출신 빌리 마커스Billy Markus와 잭슨 파머Jackson Palmer가 장난삼아 발행한 디지털자산이다. 도지 코인의 사용 가능성이 없음에도 불구하고 테슬라의 CEO인 일론 머스크Elon Musk가 본인의 트위터에서 도지 코인을 언급할 때마다 가격이 크게 요동치는 모습을 보여주고는 했다. 개발자들이 디지털자산에 대한 투기를 풍자하기 위한 목적으로 도지 코인을 만들었다고 밝혔음에도 도지 코인은 2023년 디지털자산 시가총액 9위에 올라 있으며, 투자자들의 엄청난 관심을 받고 있다.

도지 코인이 등장한 이후 시바이누SHIB, 플로키FLOKI, 베이비 도지 BabyDoge 코인 등 다양한 밈 코인이 발행되었다. 이들의 공통적인 특징으로는 밈과 관련된 인플루언서의 활동 혹은 커뮤니티에 따라 가격이 크게 변동한다는 것과 공급량이 무제한이거나 감당하기 어려울 정도로 많다는 것이다. 밈 코인 투자는 가격 변동성이 높은 만큼 투자자들이 큰 매매차익을 벌 수 있는 기회가 될 수 있기도 하지만, 단기적으로 큰 관심을 끌다가 소리 소문도 없이 코인 자체가 사라질 수도 있기 때문에 섣부른 투자에 경각심을 가질 필요가 있다. 예를 들자면 한국의 도지 코인이 되겠다는 포부를 내세워 진돗개를 마스코트로 삼아 발행한 '진도지 코인'은 개발자가 전체 물량의 15%를 매도하고 잠적했다.

최근에는 밈 코인들이 메타버스 등으로 확장하며 밈에 의미를 만들어내 가치를 향상시키려는 움직임을 보이기도 한다. 시바이누는 자체적인 이더리움 레이어 2 체인을 만들어 마이그레이션*을 수행하고, 시바이누에 관련된 여러 추가적인 밈 토큰을 발행해 상호작용할 수 있는 DEX인 시바스왑ShibaSwap, 메타버스 플랫폼 시바리움 Shibarium, SHIB 활용 게임들을 만들었다.

---

* 한 운영체제에서 더 나은 운영체제로 옮기는 과정

알트코인 투자 시
유의 사항

비트코인과 이더리움 외 수천 가지에 달하는 디지털자산이 전체 디지털자산 시장의 시가총액에서 차지하는 비중은 40% 수준이지만, 국내 투자자들의 알트코인에 대한 투자 관심은 매우 높은 편이다. 디지털자산 열풍이 불던 2021년 전 세계 디지털자산 시장에서 비트코인 거래량 비중은 30%에 달했으나, 국내 비트코인 거래량 비중은 6%에 불과했다. 그러나 최근에 디지털자산 투자 열기가 상대적으로 식었음에도 국내 투자자들의 알트코인 사랑은 여전하다. 2023년 3월 20일 국내 5대 거래소의 거래대금 기준 알트코인 거래 비중은 74.5%에 달한다.

국내 투자자들이 알트코인 투자에 큰 관심을 보이는 주된 이유는 가격 변동성 때문이다. 알트코인의 가격이 불안정하므로 손실을 볼 가능성도 있지만, 반대로 크게 이익을 볼 가능성도 동시에 존재하기 때문에 검증이 된 비트코인과 이더리움보다 알트코인에 대한 관심이 상대적으로 높은 편이다.

하지만 안타깝게도 디지털자산을 향한 투자자들의 호기심과 관심을 악용해 사기 범죄를 저지른 사례도 여럿 존재한다. 디지털자산에 투자하기 전에 유의해야 할 부분들을 다루기에 앞서 투자자들이 흔히 말하는 '스캠 코인', 즉 사기를 목적으로 만들어진 디지털자산으로 인해 피해를 본 사례를 여럿 다루어보고자 한다.

'돈스코이호'에 대해 들어보았는가? 돈스코이호는 1300년대 리투아니아와의 전쟁에서 크게 활약한 러시아의 전쟁 영웅 드미트리 돈스코이Dmitry Donskoy의 이름을 따온 함선인데, 러·일 전쟁 중에 일본 해군에 크게 피해를 본 후 울릉도 앞바다에 침몰한 것으로 알려져 있다. 그런데 그로부터 700년이 넘게 지난 2018년 국내 디지털자산 시장에 느닷없이 돈스코이호의 이름이 등장한다.

사건은 2018년 7월 1일 '신일그룹'이라는 회사가 돈스코이호를 최초로 발견했고, 함선 안에 남아 있는 약 150조 원 가치의 금괴를 인양해 투자자들과 나누겠다고 발표하면서 시작된다. 신일그룹은 함선을 인양하는 데 드는 비용을 충당하겠다며 '신일골드 코인'이라는 토큰을 발행해 투자금을 모집했다. 신일골드 코인이 세계 최초로 실물자산을 기반으로 발행된 토큰으로서 가치를 지니고, 향후에 디지털자산 거래소에 신일골드 코인이 상장되면 가격이 100배가량 상승할 것이라고 홍보했다.

　신일그룹에 대한 수상한 점은 한둘이 아니었다. 신일그룹은 2018년 8월 6일과 8월 15일 사이에 해당 코인 백서를 발간하고 투자자들이 원하면 언제든지 환불을 해주겠다고 사전에 공지했으나, 결국 백서도 공개하지 않고 투자자들의 환불 요청을 거절하기도 했다. 또한 블로그의 조직도에서는 신일그룹이 누적 코인 구매 금액에 따라 회사 내 직급이 올라가는, 소위 '다단계' 형태의 회사 조직을 갖추고 있다는 점도 발견되었다.

　투자를 먼저 받고 백서를 공개하지 않은 신일골드 코인은 결국 사기극으로 밝혀졌고, 신일그룹 돈스코이호 사건은 2,600명의 투자자들이 약 90억 원가량의 피해를 본 스캠 사례로 남게 되었다.

　또 다른 국내 사례로는 얼랏 코인이 있다. 얼랏 코인은 실제로 국내 중소 디지털자산 거래소에 상장되었던 스캠 코인으로, 전통 은행 서비스와 비슷한 사업구조로 이루어져 있다고 홍보하는 등 디지털자산에 대해 잘 알지 못하는 투자자들이 보기에는 제법 그럴듯한 구색을 갖추었다. 얼랏 코인은 2021년 1월에 상장된 후에 매일 가격이 4%가량 상승하며 수많은 투자자의 관심을 모았으나, 3월 4일 코인 가격이 순식간에 98%가량 하락한 이후 운영진이 텔레그램 공식 채널을 폐쇄하고 잠적하면서 수많은 투자자가 피해를 입게 되었다.

　최근 디지털자산 시장과 관련된 규제가 정비되면서 여러 건전한 프로젝트들이 진행되고 있지만, 얼랏 코인과 같이 투자자들의 포모

심리를 악용해 사기극을 저지른 사례도 다수 있다. 따라서 알트코인에 투지허기 전에 검토헤야 할 사항들에 대해 다루고자 한다.

알트코인 투자 전 검토 사항

1) 코인 백서

디지털자산 산업에서 백서라고 하면 일반적으로 디지털자산을 발행하려는 사람들이 투자 자금을 모으기 위해 프로젝트의 전망, 목표, 디지털자산 유통 계획 등을 담은 문서를 가리킨다. 전통 금융 상품과 다르게 디지털자산은 공시 의무가 별도로 부과되어 있지 않기 때문에 투자자들이 해당 프로젝트의 신빙성과 디지털자산의 지속 가능성을 검토할 수 있는 문서가 바로 백서다. 백서는 프로젝트를 진행하는 재단의 홈페이지에 들어가서 '백서'라고 적혀 있는 탭을 클릭해서 보거나, 혹은 코인마켓캡과 같은 글로벌 디지털자산 시황 중계 사이트에 들어가서 확인할 수 있다.

그런데 근래 들어서는 스캠 코인들을 발행하려는 사람들도 백서를 작성하는 전문가들을 고용해 백서를 발간하기 때문에 스캠 코인을 판별하기가 어려워지고 있다. 그렇다면 투자자로서 우리가 최소한으로 할 수 있는 것은 무엇이 있을까?

첫 번째로는 백서를 정독해보는 것이다. 백서에 프로젝트에 대한

■ 백서 확인 위치

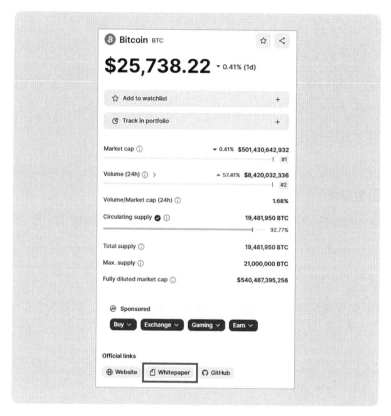

출처: 코인마켓캡

내용보다는 블록체인, 디파이 등 개념에 대한 설명만 장황하게 적혀 있고, 프로젝트 자체에 대해 적혀 있는 내용이 부실하다면 해당 프로젝트를 의심해볼 필요가 있다.

두 번째로는 백서 표절검사를 하는 것이다. 이는 매우 중요하다. 다른 프로젝트의 내용을 그대로 베껴오거나 이미 스캠으로 판별된

코인의 백서를 그대로 사용하는 사례도 있기 때문이다. 얼랏 코인은 과거 스캠 코인으로 판별된 코인의 백서를 사용해 백서를 발간한 사례로 알려져 있는데, 다행히도 해당 코인의 폭락 사태가 일어나기 전(2021년 2월)에 비트코인토크Bitcointalk라는 해외 커뮤니티에서 얼랏 코인의 백서의 표절을 알아차려 투자자들의 피해가 일부 축소된 사례가 있다.

2) 팀 구성

프로젝트를 이끄는 개발진과 운영진의 이력과 프로필을 확인할 필요도 있다. 요즘은 '링크드인LinkedIn' '로켓리치Rocketreach' 등 다양한 업종에 종사하는 사람들의 비즈니스 프로필을 확인할 수 있는 플랫폼이 잘 구축되어 있기 때문에 알트코인에 투자하기에 앞서 프로젝트를 이끄는 사람들이 누군지 볼 수 있다. 그리고 해당 팀의 구성원들이 프로젝트를 제대로 이끌어나갈 수 있는 역량이 있는지를 확인해 보아야 프로젝트에 대한 최소한의 평가를 내릴 수 있다.

유명하고 능력 있다고 평가를 받았던 개발자가 발행한 알트코인이 한순간에 약점이 드러나고 몰락하는 사례가 없는 것은 아니다. 하지만 지금까지 많은 피해자를 양산하던 스캠 코인을 보면 개발진과 운영진에 대한 정보가 충분하지 않은 사례가 다수였기 때문에 투자자들은 프로젝트를 이끄는 운영진들의 이력을 스스로 검증할 필요가 있다.

3) 투자자와 제휴사

프로젝트의 투자자와 제휴사를 면밀하게 분석하는 것도 필요하다. 일부 스캠 프로젝트들은 유명한 기업들의 투자를 받았다고 홈페이지에 적어놓기도 하는데, 유명한 기업들이 디지털자산 프로젝트에 투자한다면 대체적으로 언론에 보도되기 때문에 관련 기사 자료를 투자자들이 직접 한 번 더 확인하면서 사실 여부를 파악할 수 있다. 예를 들자면 구글과 애플에 투자를 받았다고 홈페이지에 기재했는데 이에 대한 뉴스 기사나 보도자료가 하나도 없고 구글과 애플 둘다 해당 프로젝트에 투자한 적이 없다고 이야기하면, 이 프로젝트가 스캠일 가능성은 매우 높다.

실제로 이재용 삼성그룹 회장의 이름과 사진을 도용하고, 삼성그룹과 사우디아라비아 황태자에게 투자를 받았다고 허위 광고를 하는 사기조직이 '이재용 코인'을 판매한다며 투자자들을 현혹시킨 사례도 있었다. 이러한 사례가 있었다는 이야기를 들으면 '도대체 누가 이런 프로젝트에 투자해 피해를 볼 수 있단 말인가?'라는 생각이 들 수도 있겠지만 실제로 주변에 안타까운 피해자들을 심심치 않게 볼 수 있으니, 투자자들은 더욱 경각심을 가지고 신중하게 투자를 진행할 필요가 있다.

이 외 알트코인 투자 시 고려해야 할 주요 요인으로 법적 이슈, 증권성 여부가 있다. 이에 대해 더 궁금한 독자는 3장 '레벨업'의 리플 소송 사례를 참고하기를 바란다.

디지털자산
가격 측정 방법

디지털자산의 가치는 어떻게 측정될까? 이제부터 디지털자산의 적
정 가치를 평가하는 대표적인 방법들을 소개하고자 한다.

메트칼프의
법칙

메트칼프의 법칙^{MetCalfe's Law}은 이더넷을 발명하고 스리콤^{3Com}을 설
립한 밥 메트칼프^{Bob Metcalfe}가 1980년 "네트워크의 가치는 참여자 수
의 제곱에 비례한다"라고 주장한 데서 나온 법칙이다. 네트워크의

■ 네트워크 개수

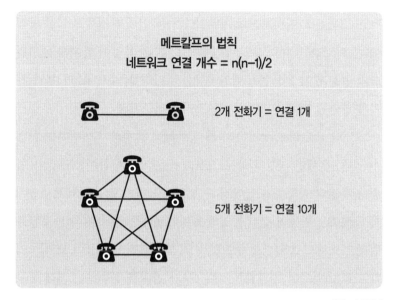

메트칼프의 법칙
네트워크 연결 개수 = n(n−1)/2

2개 전화기 = 연결 1개

5개 전화기 = 연결 10개

출처: 저자 정리

규모가 커짐에 따라서 신규 네트워크 구축 비용의 증가 규모는 점차 줄어들지만 네트워크 자체의 가치는 기하급수적으로 증가한다는 법칙이다. 네트워크 참여자 수가 'n'이면 네트워크의 규모 숫자는 'n(n−1)/2'로 표현된다. 네트워크가 무한대로 확장되어 생산량이 증가할수록 평균 구축 비용이 기하급수적으로 줄어들어 결국 구축 비용이 거의 '0'원 수준에 접근하는 데 반해 해당 네트워크 자체의 가치는 급격히 증가한다는 뜻이다. 예를 들어 네트워크 참여자가 1명이면 연결고리는 0개이고 네트워크 가치도 0원이다. 그러나 참여자 수가 2명으로 늘어나면 연결고리는 1개, 5명이면 10개, 12명이면 66개로 늘어난다.

이 법칙은 디지털자산의 기반이 되는 메인넷 본질에 충실한 방식이다. 비트코인, 이더리움 메인넷에 더 많은 사람이 참여해 네트워크의 규모가 확장될수록 메인넷상에서 다양한 비즈니스와 부가 가치가 창출될 것이란 전망은 자연스러운 접근이다.

그러나 네트워크 참가자 수를 정확하게 집계하기 어렵다는 단점이 있다. 온체인 지갑 외에도 오프체인을 이용한 참여자도 많아 활동량 측정의 정확도가 떨어질 수 있다. 두 번째 단점은 네트워크에서 발생하는 활동의 질이 동일하게 평가된다는 점이다. 즉 메트칼프 법칙은 소량의 송금만을 주고받는 거래와 거액의 송금이 오가는 거래 그리고 복잡한 거래로 더 많은 부가 가치를 창출하는 거래 등을 구분하지는 않기 때문에 네트워크 가치 평가에 차이가 발생할 수 있다. 2023년 7월 모건크릭캐피털Morgan Creek Capital CIO 마크 유스코 Mark Yusko는 메트칼프의 법칙 모델을 적용했을 때 비트코인의 적정 가치는 약 5만 5,000달러라고 추정했다.

NV to NTV
비율

NVNetwork Value to NTVNetwork Transaction Volume 비율은 메인넷의 시가총액을 네트워크에서 발생하는 거래량으로 나눈 지표로, 디지털자산

애널리스트 윌리 우Willy Woo에 의해 2017년에 처음 제안되었다. 메트칼프의 법칙에 따르면 네트워크의 가치는 네트워크 내에서 발생하는 활동(참여자 수)에 비례하는데, NV to NTV 비율은 네트워크 가치의 원천을 네트워크 내 활동, 즉 거래량으로 본 것이다. 이는 주식 평가 시 사용되는 'P/E 비율'과 유사한 개념이다. 온체인 거래량을 시장에서 평가되는 네트워크 시가총액을 기준으로 평가해 적정 가치를 평가하는 접근 방식이다.

이 지표는 디지털자산의 본질 가치와 시장 가치를 종합해 밸류에이션 모델에 반영했다는 강점이 있지만, 2018년 이후로 고평가, 저평가 여부 시그널을 활용한 가격 예측력이 과거보다 떨어졌다는 평가가 있다. 2018년 이전까지는 지표와 가격의 연관성이 높았으나 2019년 이후부터는 가격과 지표와의 연관성이 떨어지고 있다.

적정 가격 계산법,
원가접근법

원가접근법은 비트코인 채굴에 필요한 채굴기, 전기요금, 난이도 등을 고려해 비트코인의 적정 가격을 산정하는 방식이다. 비트코인 창시자 사토시 나카모토는 2010년 비트코인을 상품commodity으로 분류하고 모든 상품의 가격은 원가로 수렴한다고 서술한 바 있다.

비트코인 채굴자들은 본인의 컴퓨터가 암호 문제를 푼 대가로 비트코인을 보상받는데, 이 문제들은 시간이 지나면 난이도가 높아지기 때문에 문제를 푸는 데 사용되는 컴퓨터의 성능도 강력해져야 한다. 즉 더 높은 장비 구축 비용이 들고, 비트코인 생산에 필요한 전기요금도 증가하게 된다. 또한 최고 성능의 컴퓨터를 작동시키기 위해서는 발열을 낮추기 위한 냉각 시스템도 갖추어야 한다.

이러한 특성은 에너지 및 금속에서도 공통적으로 확인할 수 있다. 미국 원유 생산업자들도 수익을 창출할 수 있는 기준 가격 이상으로 상품 가격이 상승하면 생산량을 늘릴 유인이 생긴다. 반대로 상품 가격이 그 이하로 떨어지면 생산을 줄일 유인이 생긴다. 비트코인도 마찬가지로 채굴자들이 수익을 창출할 수 있는 수준 이상으로 비트코인의 가격이 상승하면 채굴자들이 생산을 늘릴 유인이 생긴다. 반대로 가격이 그 이하로 떨어지면 채굴 유인이 감소하면서 공급이 줄어든다.

원가접근법의 장점은 상품에 대한 밸류에이션 평가와 유사해 이해하기 쉽다는 점과 원가접근에 대한 밸류에이션 모델 연구가 지속적으로 이어지면서 보다 정교한 모델로 발전해가고 있다는 점이다. 단점은 원가 부분만 밸류에이션에 반영되고 수요 측면의 요인이 고려되지 않음에 따라 가격에 대한 설명력이 충분하지 못하다는 점이다. 또한 작업증명 방식이 아닌 지분증명 방식으로 블록이 생성되면 에너지 소모를 반영한 원가의 개념이 부재해 모델을 적용하기 어렵다는 단점도 있다.

비트코인 재고량을 반영한
SF 모델

SF$^{Stock-to-Flow}$ 모델은 신규로 시장에 공급된 비트코인 물량 대비 비트코인 재고량 비율을 계산해 비트코인 가격을 예측하는 모델이다. 이 모델은 트위터에서 'PlanB'라는 이름으로 활동하는 트위터리안이 고안한 모델로, 2021년까지 비교적 정확하게 비트코인 가격을 예측해 시장에서 유명세를 얻었다.

$$SF(Stock\ to\ Flow) = \frac{재고량}{공급량} = \frac{비트코인\ 채굴된\ 총량\ -\ 소각량}{1년\ 동안\ 채굴된\ 비트코인\ 공급량}$$

▶ SF는 연간 공급률(Flow/Stock)의 역수이기도 하다.
▶ SF = 1/연간 공급률

이 식에서 재고량은 현재 비축량 또는 보유량이고 공급량은 연간 채굴되는 비트코인 생산량이다. 비트코인 외 몇몇 원자재의 SF 비율을 보자면 다음과 같다. 금의 SF 비율은 '62'로 가장 높다. 현재의 금 보유량을 얻기 위해서는 62년의 생산기간이 소요된다고 볼 수 있다. 은의 SF 비율은 '22'로 금 다음으로 높다. 반면에 팔라디움, 플래티넘 등 기타 원자재의 SF 비율은 '1' 또는 그 이하로 매우 낮다. 비트코인의 SF 비율은 2022년 12월 기준 '65'다.

한편 PlanB의 SF 모델은 2021년부터는 과거 대비 가격 예측력이 떨어지며 모델 추정치와 실제 가격 간의 괴리가 커지기도 했다. SF

모델 추정치를 따른다면 2023년 초 비트코인 가격은 약 10만 달러에 도달할 것으로 전망되었지만 실제 가격은 3만 달러대에 미치지 못했다.

과거 대비 추정치와 가격 간 괴리가 커진 이유는 아래의 두 가지로 보인다. 첫째, 10년간 이어져온 저물가 기조가 깨지면서 2022년 미국 물가는 8%대로 40여 년 만에 최고치를 기록했지만 이로 인한 할인율(시중금리) 상승이 모델에 반영되지 않았다. 둘째, 주식 시장에서 미국 연준이 만들어낸 유동성과 비슷한 역할을 하는 크립토 시장의 유동성 변수(스테이블코인)가 고려되지 않았다.

이 두 가지 변수를 기존 SF 모델에 추가해 새롭게 고안한 모델로 추정한 비트코인 적정가(2023년 3월 기준)는 3만 4,000달러로 여전히 가격에 괴리가 있지만 SF 모델보다 개선된 결과를 얻을 수 있었다.

물가와 크립토 시장 유동성을 고려한
SF + 매크로 모델

이 모델은 앞서 소개한 PlanB의 SF 모델이 시중금리가 상승하고 유동성이 줄어드는 환경에서는 비트코인 가격 예측력이 떨어진다는 점에서 착안해 PlanB 모델에 인플레이션율, 크립토 시장 유동성 변수를 추가해 가격 예측력을 높인 것이다.

물가가 높을수록, 크립토 시장 유동성이 떨어질수록 비트코인 가격에는 하락 압력이 작용한다. 반대로 물가가 낮을수록, 크립토 시장 유동성이 높을수록 비트코인 가격에는 상승 압력이 작용한다. 이러한 접근법은 2022~2023년과 같이 인플레이션이 높고 미국 연준의 금리 인상으로 시중 유동성이 위축되는 국면에서 더 좋은 예측력을 보였다.

기존 SF 모델에 물가와 크립토 시장 유동성 변수를 추가해 집필진이 새롭게 고안한 SF+매크로 모델 식은 다음과 같다. 식에서 크립토 시장 유동성 변수는 스테이블코인 10개의 시가총액 합이며, 인플레이션 변수로 '미국 소비자물가 상승률'를 사용했고, 비트코인 가격과 다중회귀 분석을 이용해 도출했다.

$$\text{SF + 매크로 모델} = (\text{SF 비율})^{1.22} * (\text{스테이블코인 시가총액})^{0.23} * e^{-0.11 - 0.06 * CPIYoY}$$

▶ 스테이블코인 시가총액은 다음 10개 스테이블코인의 시가총액 합이다(USDT, USDC, BUSD, DAI, USTC, FRAX, USDP, TUSD, USDD, GUSD).
▶ CPI YoY는 1년 전 대비 미국 소비자물가 상승률이다.

향후 인플레이션 궤적과 스테이블코인 시가총액 변화에 따라 세 가지 시나리오로 추정한 결과는 다음과 같다. 블룸버그 컨센서스대로 2023~2024년 미국 소비자물가가 4.1%에서 2.5%로 둔화되고, 스테이블코인 시가총액이 현 수준에서 소폭 증가에 그치는 기본 시나리오를 전제한다면 비트코인 가격 추정치는 2023년 1분기 평균 3만 6,000달러에서 4분기 4만 2,000달러로 상승하는 경로를 나타냈다. SF+Marco 모델 시나리오는 다음과 같다.

1. 기본 시나리오: 미국 소비자물가 상승률 2023년 4.1%에서 2024년 2.5%로 둔화, 스테이블코인 시가총액 증가율 2023년 2%, 2024년 9%

2. 최고의 시나리오: 미국 소비자물가 상승률 2023년 3%에서 2024년 1.5%로 둔화, 스테이블코인 시가총액 증가율 2023년 3%, 2024년 18%

3. 최악의 시나리오: 미국 소비자물가 상승률 2023년 5%에서 2024년 7%로 상승, 스테이블코인 시가총액 증가율 2023년 -5%, 2024년 -3%

SF 모델은 해당 자산에 대한 신규 수요가 지속되는 가운데 신규

■ **SF+매크로 모델 시나리오별 비트코인 가격 추정**

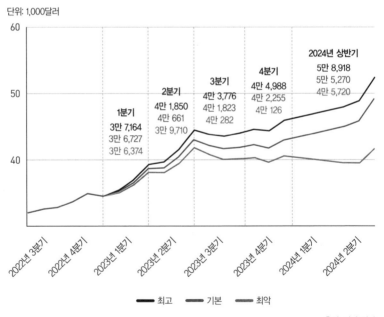

단위: 1,000달러

공급은 줄어듦으로써 가격이 상승한다는 개념을 기반으로 한다. 따라서 어떤 이유에 의해 비트코인 네트워크 이용이 현저히 떨어지거나, 새로운 대체 자산이 비트코인 자리를 대체하게 된다면 SF 모델은 유효성을 잃게 된다. 또한 모델이 반영하지 못한 유의미한 가격 하락 변수가 존재하면 실제 비트코인 가격은 구조적으로 모델의 추정치를 하회할 가능성이 있다.

알트코인과 증권성 이슈

리플은 '리플랩스^{Ripple Labs Inc.}'라는 미국의 기업에서 만든 글로벌 결제 시스템인 '리플넷'에서 사용되는 디지털자산이다. 리플랩스는 세계 각국의 금융 기관들이 다른 나라의 금융 기관으로 돈을 송금하는 데 시간이 오래 걸린다는 점에 착안해 낮은 거래비용으로 단 몇 초 만에 국제 송금을 가능케 하는 분산원장 프로토콜인 리플넷을 만들었다. 이 리플넷에서 사용되는 디지털자산이 바로 국내에서 비트코인 다음 으로 높은 시가총액과 거래량을 자랑하는 리플이다.

리플, 미국 증권거래위원회의 레이더망에 걸리다

2020년 12월 미국 증권거래위원회는 리플을 발행하는 리플랩스와 리플의 창립자들을 증권법 위반 혐의로 고소했다. 미국 증권거래위원회는 디지털자산 리플은 증권으로 볼 수 있고, 리플랩스는 디지털 자산을 발행하고 유통하는 과정에서 증권법을 준수했어야 함에도 이를 준수하지 않았으므로 이에 상응하는 페널티를 받아야 한다는 것이다. 미국 증권거래위원회의 공격에 리플랩스의 방어도 만만치 않았다. 리플랩스는 '리플이 증권도 아니지만, 그간 정부가 충분한 가이드라인을 제공하지 않았기 때문에 갑작스럽게 증권법 위반으로 처벌해서는 안 된다'라고 강력하게 주장했다.

소송의 핵심은 결국 리플이 미국 증권법상 증권으로 해석될 수 있냐는 것이다. 미국은 판례법으로 판례가 주요 판단 기준이 되는데, 미국 증권거래위원회는 리플이 증권법상 '투자계약증권Investment contract'에 해당한다고 주장했다. 미국의 투자계약증권 판단 기준은 1946년 미국 대법원에서 내려진 판례를 기준으로 해석되는데, 이것이 바로 '하위 테스트Howey Test*'다.

하위 테스트에 따르면, 특정 서비스가 미국 증권법상 투자계약증권에 해당하기 위해서는 다음의 네 가지 요건을 충족해야 한다.

1. 타인의 노력에 의해 창출된다.
2. 이익에 대한 합리적인 기대를 가지게 한다.

---

* 미국 플로리다주에서 감귤 농장을 운영하던 하위 사W. J. Howey co.가 농장의 일부는 직접 운영하고 일부는 직접 농장을 운영하지 못하는 사람들에게 판매하면서, 사람들의 토지에서 나오는 감귤의 재배·관리·판매 수익 등을 하위 사가 담당하기로 했던 투자계약을 1946년 미국 연방대법원이 '투자계약증권'으로 판정한 사건에서 유래함

3. 공동의 사업으로 진행된다.

4. 금전을 투자하는 계약이다.

　미국 증권거래위원회는 리플이 네 가지 요건을 모두 충족한다고 주장했다. 구체적으로 리플 프로젝트의 성패가 리플랩스사의 운영진 등의 노력에 달려 있고, 리플 구매자들은 리플랩스의 노력을 통해 이익이 날 수 있다고 합리적인 기대를 했으며, 이러한 기대로 인해 투자자들이 리플랩스 재단의 사업에 투자하고자 리플을 구매했다는 것이다.

　사실 하위 테스트만 보면 비트코인처럼 탈중앙화가 된 디지털자산을 제외하고는 대부분의 디지털자산이 모두 증권처럼 보이기도 한다. 그렇다면 리플의 주장은 무엇일까?

리플은
증권이 아니다

리플은 리플의 가격이 리플랩스의 노력이 아닌 시장에 의해 형성되고 있고, 리플이 지난 8년간 아무 문제없이 리플사의 이익에 대한 지분이 아니라 가치 저장과 교환의 수단으로 기능해왔으며, 리플의 원장이 오픈소스임과 동시에 분산되어 리플의 통제하에 있지 않아 공동사업의 실체가 존재하지 않고, 발행자·보유자 사이에 채권·채무가

■ 리플 측 반박의 근거

1. 리플이 지난 8년간 아무런 문제없이 리플사의 이익에 대한 지분이 아니라 가치 저장과 교환 매체로 기능해왔음
2. 미국 금융범죄단속네트워크가 2015년에 이미 리플이 가상화폐로서 합법적으로 거래되고 있다고 인정함
3. 타국 규제당국도 리플을 증권이 아닌 가상화폐로 취급함
4. 가격은 리플의 노력이 아닌 시장에 의해 형성되고 있음
5. 원장이 오픈소스이며 분산되어 리플의 컨트롤로 다루어지지 않음
6. 미국 증권거래위원회의 주장을 받아들이는 것은 다음의 네 가지를 인정하는 것
   1) 리플 보유자들은 리플사의 노력 결과로 투자 수익이 발생한다고 믿은 것
   2) 공동사업의 실체가 없어도 공동사업체가 있다는 것
   3) 리플 발행자와 보유자 사이에 채권채무가 없음에도 투자계약이 존재한다는 것
   4) 위 세 주장에 대한 법정 조언자의 의견서(Amicus Brief)로 제출된 내용이 잘못되었다는 것

출처: 저자 정리

존재하지 않아 증권의 속성을 띠지 않는다는 것이다. 또한 미국 재무부 산하의 정부 기관인 금융범죄단속네트워크가 2015년에 이미 리플이 디지털자산으로서 합법적으로 거래되고 있다고 인정했으며, 타국 규제당국도 리플을 증권이 아닌 디지털자산으로 취급한다고 있다면서 리플을 그간 증권으로 취급하지 않은 '신뢰'이익을 보호해 달라는 주장을 지속했다.

리플 소송의 결말,
여전히 끝나지 않은 논쟁

길고도 지루했던 리플과 미국 증권거래위원회 간의 소송은 2023년 7월 14일, 약식 판결이 나오면서 일단락되는 듯했다. 리플 소송 담당 판사가 리플의 일부 승소 판결을 내린 것이다. 판결의 내용은 리플랩스의 기관투자자 대상 판매는 증권법 위반으로 볼 수 있으나 유통 시장, 트레이딩 알고리즘을 이용한 리플 판매는 증권법 위반으로 볼 수 없다는 것이었다.

해당 판결의 핵심이 된 쟁점은 '제3자의 노력으로 수익의 기대 여부'였다. 리플 담당 판사는 리플랩스로부터 직접 리플을 매수한 기관투자자들은 리플랩스의 노력으로 인해 리플 가치가 상승할 것이라는 기대를 할 수도 있었겠지만, 거래소를 활용한 유통 시장에서 판매되는 리플을 사고파는 일반 투자자들은 사실 리플랩스에 대한 기대가 무조건 있었다고 보기는 어렵다고 판단했다.

해당 판결을 두고 일부 시장 투자자들은 '드디어 미국 사법부가 리플의 증권성 논란을 해소했다'라며 매우 고무되었고, 이에 판결 이후 리플 가격이 20%가량 상승하기도 했으나 안타깝게도 미국 증권거래위원회는 법원의 판결에 굴복하지 않고 곧바로 판결에 항소했다(해당 절차는 더욱 장기간 이어져 최종 판결까지는 매우 지난한 시간이 지속될 것으로 보인다). 나아가, 리플 사건 담당 판사의 의견에 동의하지 않는 판사들이 미국에서 등장하기 시작했다. 뉴욕 맨해튼 연방법원 판사는 '암호화폐는 판매 방식과 상관없이 증권으로 간주된다'라는 판결을 내리기도 했고, 미국 회생법원에서도 리플 판결을 인용하는 것을 거부하기도 했는데, 이처럼 미국 시장은 여전히 양분되어 증권성에 대한 통일된 기준을 정립하고 있지 못하는 모습을 보이며 해당 논쟁은 지속되어 단기간 내에 종결되기는 어려울 것으로 예상된다.

우리나라의 증권성 판단 동향

그렇다면 국내는 어떤 입장일까? 국내에서는 규제당국과 사법부 모두 증권성에 대한 통일된 기준을 정립하고 제시하고자 노력은 하고 있으나, 현재 업계에서는 증권성 기준을 명확하게 적용하기 어렵다는 입장이 대부분이다. 예상컨대, 향후 테라-루나와 관련된 사법부의 최종적인 판단 내용에 기반해 국내 증권성 판단이 체계적으로 이루어질 것으로 예상된다.

혹여 미국에서 증권성에 대한 기준이 먼저 확립된다고 하더라도, 한국은 미국의 증권법보다는 증권성을 더욱 좁게 해석한다는 인식이 일반적이므로 미국과 별도의 기준이 확립될 가능성도 존재한다.

증권성 개념을 이해하기도 어렵고 투자하려는 코인이 증권으로 분류되는지 판단하기는 더욱 어려운 측면이 있지만, 증권성 이슈가 존재한다는 것을 이해했다면 이제부터는 디지털자산의 증권성과 관련된 뉴스 기사나 언론 매체의 보도가 나온다면 그냥 지나치지 말고 귀를 기울일 필요가 있다. 투자 중인 디지딜자산이 혹여 미국 증권 거래위원회와의 소송에라도 휘말린다면 이는 상장폐지 가능성을 높이고, 증권으로 분류된다면 상당한 규제 준수 비용을 지불해야 할지도 모르기 때문이다.

디지털자산 투자자들 입장에서 그나마 다행인 것은 사토시 나카모토가 홀쩍 떠나버린 비트코인은 '제3자의 노력'에 해당할 만한 부분이 마땅치 않고, 이에 따라 증권성 이슈에 한 번도 휩쓸리지 않았다는 점이다. 따라서 앞으로 증권성 이슈가 화제가 된다면 가장 큰 수혜를 입을 수 있는 디지털자산은 비트코인이 될 가능성이 높다는 점을 기억하자.

이더리움 하드포크와 머지

하드포크와
머지

2022년 8월 성황리에 개최된 '코리아블록체인위크 2022'에는 디지털자산에 관심이 있는 약 8,700명이 방문한 것으로 알려졌다. 디지털자산 시장의 신뢰를 뒤흔든 테라-루나 사태 같은 악재가 터졌음에도 불구하고 코리아블록체인위크 2022에는 수많은 블록체인 산업의 주요 인사가 참여하면서 흥행에 성공했다는 평가를 받았다. 이번 행사에 참여한 주요 인사 중에서도 제일 큰 이목을 끈 인물은 이더리움 머지*를 한 달가량 앞둔 이더리움의 개발자 비탈릭 부테린이었다.

수많은 관객 앞에서 비탈릭 부테린은 이더리움 머지 이후에 진행될

---

* 이더리움 블록체인 알고리즘을 기존 작업증명 방식에서 지분증명 방식으로 전환하는 것

롤업^{Roll-up}*, 컴프레션^{Compression}**, 프로토 - 댕크샤딩^{Proto-Danksharding}***

등 이더리움의 향후 업그레이드 계획에 대해 설명했다. 롤업을 진행해 이더리움 플랫폼의 TPS가 현재 10~30 수준에서 500~1,000 수준으로 개선되고, 거래 수수료가 1~20달러 수준에서 0.25달러 수준으로 인하될 것이며, 컴프레션 단계에서는 TPS가 6,000 수준으로 상승할 것이라고 예견했다. 더 나아가 프로토 - 댕크샤딩 단계에서는 TPS가 10만 수준에 도달하고, 향후에 이더리움 네트워크의 거래 수수료는 0.002~0.005달러 수준으로 인하되어 더 많은 사람이 접근하기 용이한 네트워크가 될 것이라는 청사진을 제시했다.

2015년 세상에 등장한 이더리움은 지금까지 여러 차례의 업그레이드를 거쳐왔다. 이더리움과 이더리움 클래식^{ETC}으로 나누어진 The DAO 하드포크****가 가장 대표적인 업그레이드이며, 향후 이더리움 공급량의 감소 혹은 네트워크의 성능 개선 등을 거쳐 가격에 긍정적인 영향을 끼칠 것으로 예상된 바 있다.

이더리움의 총 발행량을 나타내는 다음 그래프를 보면 최근까지 이더리움의 발행량이 상승하고 있는 것으로 보인다. 단, 시간이 지나면 지날수록 상승세가 둔화하는 것으로 보이는데, 이더리움 순 발행량 그래프에서 2017년 3월과 9월 사이에 이더리움의 발행량이 눈

---

* 이더리움 블록체인 외부에 트랜잭션을 실행하고 결괏값만 이더리움 블록체인에 기록하는 방법이며, 이더리움에 더 많은 트랜잭션이 처리될 수 있게끔 함
** 데이터를 압축해 전송하는 기술, 이더리움의 확정성 문제 해소를 도와줌
*** 기존 샤딩 체계에 비해 간소화된 이더리움 샤딩 체계 댕크샤딩의 실험 버전
**** 연결된 체인이 두 갈래로 쪼개지는 것을 뜻하며, 기존 블록체인과 호환되지 않는 새로운 블록체인에서 디지털자산을 만드는 것을 뜻함

■ 이더리움 총 발행량 추이

단위: 만 개

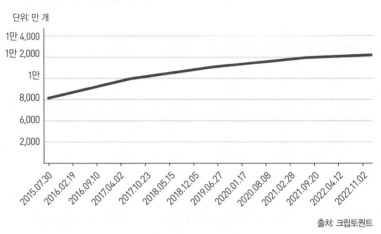

출처: 크립토퀀트

■ 이더리움 순 발행량 추이

단위: 만 개

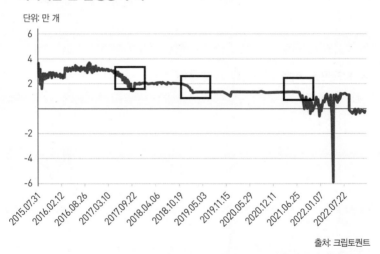

출처: 크립토퀀트

에 띄게 감소한다. 이와 같은 현상이 발생한 주된 이유는 '비잔티움 하드포크'라는 업그레이드가 진행되었기 때문이다.

비잔티움 하드포크의 주요 목표는 당시 생긴 지 2년 남짓했던 이더리움 블록체인의 보안성, 확장성 등을 향상하고 이더리움의 발행량을 감소시키는 것이었다. 하드포크가 완료된 후에 이더리움의 성능이 개선되고, 채굴로 발행되는 블록 보상이 5ETH에서 3ETH으로 하락하게 되며 투자자들의 기대감이 형성되고 이더리움의 가격이 2017년 10월부터 2018년 1월까지 약 337% 상승했다.

2019년 2월과 3월 사이에 이더리움 순 발행량이 하락한 이유도 위와 비슷하게 '콘스탄티노플 하드포크'가 진행되었기 때문이다. 해당 하드포크가 완료된 후에 블록 보상이 3ETH에서 2ETH으로 하락하게 되며 이더리움 인플레이션이 7.5%에서 4.5%로 조절되었고, 이

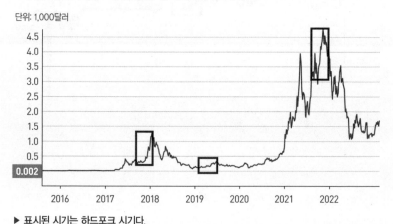

■ 하드포크 이후 이더리움 가격 추이

단위: 1,000달러

▶ 표시된 시기는 하드포크 시기다.

출처: 코인마켓캡

더리움 가격이 2019년 2월에서 2019년 6월까지 대략 134% 정도 상승한 바가 있다.

2021년 8월에 진행된 '런던 하드포크'는 최초로 '소각'이라는 개념을 도입했다. 디지털자산을 소각한다는 의미는 디지털자산을 개인키가 없는 지갑, 즉 그 누구도 접근할 수 없는 지갑에 보낸다는 것인데, 그렇게 하면 소각된 디지털자산은 유통 물량에서 제외된다. 예전에는 사용자들이 부담해야 하는 수수료가 기본적으로 더 높은 체계였다면, 런던 하드포크는 사용자들이 부담해야 하는 수수료를 대폭 낮추고 수수료의 대부분이 소각되며 일부만 밸리데이터들에게 가는 체계로 바꾸었다. 런던 하드포크가 성공적으로 마무리된 후인 8월에서 11월 사이 이더리움 가격이 약 82% 상승한 바 있다.

2020년 12월에 비콘체인Beacon Chain*이 도입되며 지분증명과 작업증명이 공존하던 시기를 지나, 여러 차례 미루어졌던 이더리움 머지가 2022년 9월 성공적으로 완료되면서 이더리움 블록체인은 지분증명 방식으로 완전히 전환하게 되었다. 기존의 작업증명 기반의 방식에서는 채굴자가 블록을 하나 생성하는 것에 대한 대가로 2ETH을 보상으로 받았으며, 네트워크 지연 문제와 같은 원인으로 인해 엉클 블록Uncle Block**을 생성하면 1.75ETH을 받을 때도 있었다.

2022년 8월 초 기준으로 작업증명 방식의 일일 최대 발행량은 1만 3,000ETH이었다. 이에 비해 지분증명 방식의 일일 최대 발행량

---

* 기존에 작업증명 기반이었던 이더리움에 지분증명을 도입하기 위해 설계된 체인
** 블록 생성과 검증에 오류가 없었지만, 최종 블록으로 인정받지 못한 블록

은 1,600ETH으로 현저히 낮은 편이다. 이더리움 머지가 완료된 후 이더리움의 신규 발행량은 88% 감소했을 뿐만이 아니라, '런던 하드포크'에서 도입된 '소각'은 그대로 유지되어 이더리움은 인플레이션 문제에서 자유로운 디지털자산으로 거듭나게 되었다.

이더리움 머지는 앞서 설명한 공급량 축소뿐 아니라 TPS 개선, 블록체인 트릴레마Trilemma* 극복 등 사용자들에게 수많은 이점을 제공하므로 이더라움의 가치가 크게 상승할 것으로 예상되었다. 하지만 이전에 진행된 비잔티움 하드포크와 런던 하드포크와 달리 이더리움의 가격은 이더리움 머지 후에 크게 변하지 않았다. 오히려 이더리움 머지 후 첫 두 달간 가격이 오히려 하락했는데, 2022년 수많은 디지털자산 기업이 파산하는 암흑기였다는 점을 고려해볼 때 부정적인 당시의 거시경제 환경과 그로 인한 수요 축소가 이더리움 머지가 가져온 가격 상승 기대감을 덮었던 것으로 생각된다.

---

* 세 가지 딜레마라고도 표현하며, 하나의 목표를 이루기 위해서는 다른 두 가지 목표를 포기해야 한다는 것을 뜻함

DIGITAL ASSET

DIGITAL ASSET

제 4 장

블록체인 기술, 모든 것과 만나 진화하다

웹 3.0과 탈중앙화 그리고 다가올 미래

1. 탈중앙화: 중앙의 통제 기관이나 시스템을 한꺼번에 끌 수 있는 요소의 부재

2. 차별 금지: 누구나 본인이 원하는 방식으로 자유롭게 접속 가능

3. 개방: 적극적 참여와 실험을 장려해 모든 사람의 관점에서 개발

4. 보편성: 하드웨어나 장소를 불문하고 모든 컴퓨터가 통신에 참여

5. 합의: 사용자는 합의된 투명한 참여 프로세스에 따라 생성된 표준을 준수해
   야 함[*]

이 내용은 1994년 월드와이드웹^{www}의 창시자인 팀 버너스 리^{Tim}

---

[*] 『블록체인, 디지털에 가치를 더하다』(심준식 저, 한국금융연수원, 2020)

Berners-Lee가 작성한 인터넷의 특성이다. 마치 우리가 지금까지 살펴본 블록체인 기술의 특징처럼 보이기도 한다. 5가지의 인터넷 특성으로 최초 인터넷을 기틀을 닦은 사람들이 꿈꾸던 온라인 세상의 모습을 엿볼 수 있다.

그러나 이 묘사는 오늘날 우리가 사용하는 인터넷과는 다소 거리가 있어 보인다. 5가지 특성 중 독자들의 관심을 가장 끄는 것은 '탈중앙화'라는 항목일 것이다. 마치 블록체인 업계의 전유물처럼 여겨지는 '탈중앙화', 지금부터는 이에 대한 논의를 잠시 해볼까 한다. '탈중앙화'와 함께 논의되는 개념이 '웹 3.0'이다. 아마 대부분의 디지털 자산 투자자 또한 최근 이러한 논의가 이루어지기 전까지는 '웹 3.0'은 물론 '웹 2.0'이라는 개념조차 생소했을 것이다.

초기의 인터넷은 서버에서 정보를 읽어오는 것만 가능했다. 이것이 '웹 1.0'이다. 이후 사용자가 정보를 읽는 것뿐만이 아니라 쓰는 것도 가능한 인터넷의 형태가 만들어졌는데 이것이 '웹 2.0'이다. 참고로 이는 닷컴 버블이 지나가고 난 이후인 2004년에 컴퓨터 프로그래밍 관련 도서 전문 출판사인 '오라일리 미디어'의 창업자 팀 오라일리^{Tim O'Reilly}가 처음 제시한 개념이다. '웹 2.0'의 대표적인 예시로는 수많은 사람의 노력으로 완성되고 유지되는 위키피디아, 구글 등이 거론되었다. 오늘날 우리가 사용 중인 페이스북, 트위터, 인스타그램 등 대부분의 온라인 서비스가 '웹 2.0' 기반이다. 흔히 플랫폼 기업으로 불리는 거대 IT 기업들이다.

그러나 우리나라뿐 아니라 미국, 유럽 등 수많은 국가에서 플랫폼 기업에 대한 인식은 곱지만은 않다. 많은 사람이 매일 페이스북과 인스타그램에서 시간을 보내고 이 기업들은 고객들을 대상으로 수많은 광고를 노출시켜 천문학적인 수익을 올린다. 그런데 페이스북(현재는 메타)은 주주들이 아닌 일반 고객들과 자신들의 수익을 나누지 않는다. 심지어 고객 정보를 독점하고 몰래 고객의 민감정보를 팔아넘겨 또 다른 수익을 올린다는 비판에 오랜 시간 동안 꽤 시달려왔다.

그렇다면 '웹 3.0'이란 무엇일까? 아직 명확한 합의가 이루어진 개념은 아니지만 일반적으로 '읽고 쓰고 소유할 수 있는' 인터넷이라고 이해된다. 즉 개인이 자신의 데이터를 소유하고 생산 활동에 대한 합당한 보상도 받을 수 있는 새로운 형태의 웹 서비스인 것이다.

예를 들어, '웹 3.0' 기반이면서 블로그나 페이스북과 유사한 형태의 '스팀잇Steemit'이라는 인터넷 서비스가 있다. 스팀잇은 사이트에 광고를 올리지 않는다. 사용자들은 좋은 글을 보면 투표를 할 수도 있고 투표를 많이 받은 창작자는 이에 비례해 보상을 받는다. 재밌는 점은 투표를 한 사람도 좋은 글을 선정하는 데 기여한 대가로 보상을 받는다는 점이다. 투표에는 '스팀파워'가 필요한데 이는 '스팀'이라는 디지털자산으로 구매가 가능하다.

즉 블록체인 기술의 등장으로 새로운 가능성이 열린 것이다. 앞서 설명했듯이 블록체인은 P2P 거래, 즉 중개인이 없는 개인 간 직접 거래를 위해 발명된 기술이다. 블록체인 기술을 활용하면 플랫폼 기업과 같은 중개인의 횡포에서 벗어나 보다 자유롭고 평등한 인터넷을

■ 웹의 발전 형태

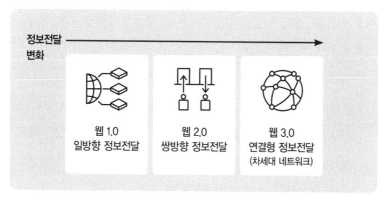

출처: 저자 정리

누릴 수 있다는 믿음, 이것이 '웹 3.0'의 기본전제다.

혹자는 이를 '협력방식의 전환'으로 설명하기도 한다. 중개인이 없이 모든 인터넷 사용자가 1:1로 연결되고 협력하고 보상을 주고받을 수 있는 방식, 여기까지 보면 인터넷의 초기 개발자들이 꿈꾸던 탈중앙화된 인터넷 세상은 블록체인 기술 위에서 가능한 것처럼 보인다.

그렇다면 앞으로 모든 온라인 비즈니스가 '웹 3.0' 기반으로 전환될까? 무작정 기존 비즈니스의 '웹 3.0' 전환을 주장하기에 앞서 검토할 내용에 대해 보다 자세히 살펴보자. 블록체인 기술은 본질적으로 비효율적이다. 동일한 장부를 전 세계 수많은 사람이 동시에 나누어 가지기 때문에 중앙화된 시스템 대비 기본적인 유지비용이 높아진다. 반면 블록체인 도입으로 절감되는 비용도 있다. 만약 블록체인 기술 도입으로 다음의 세 가지 비용이 절감되는 효과가 도입에 따른 비용보다 클 것으로 예상되는 분야라면 '웹 3.0' 전환을 진지하게 검토해볼 수 있을 것이다.

1. 중개비용: 독점 권한을 지닌 중개 기업은 가격 결정권을 가지게 되며, 기업의 속성상 이윤을 극대화하기 위해 수수료를 계속 올릴 수밖에 없다. 네트워크가 커질수록 이용자들이 부담할 수수료가 늘어난다. 중개인이 없는 웹 3.0 서비스의 가치 증가분은 참여자들에게 돌아간다.

2. 신뢰비용: 신뢰를 증명하기 위해 지금의 중개인들은 지속적으로 비용을 지출한다. 예를 들면 금융회사, 상장기업 등은 주기적인 회계감사나 금융당국의 검사·감독을 받는다. 이에 대응하기 위한 로펌 수수료 같은 규제준수 비용 또한 신뢰비용에 포함될 것이다.

3. 보안비용: 금융회사나 IT 기업들은 중앙 서버에 대한 해킹 시도를 막기 위해 매년 천문학적인 비용을 투입한다. 해킹 기술이 매년 발전하는 만큼 해킹을 막기 위한 보안 투자도 매년 지속될 수밖에 없다.

블록체인 기반 서비스가 주는 또 다른 이점은 '스마트 콘트랙트' 기능이다. 디지털자산을 부르는 명칭 중 '프로그래머블 머니Programmable Money'라는 것이 있다. 현실에서의 가치가 블록체인 위로 올라오면 프로그램 코드에 의해 사전에 정해진 대로 자동 실행된다는 의미에서 붙여진 이름이다.

예컨대 내일 비가 오면 보험금이 지급되고 날씨가 맑으면 보험료가 지출되는 날씨 보험상품이 있다고 가정해보자. 현실 세계에서 우리가 보험금을 받기 위해서는 기상청에서 받은 날씨정보를 보험사에 제출하고 보험금 지급을 신청하고 돈이 입금되기를 기다려야 할 것이다. 그러나 스마트 콘트랙트를 활용하면 기상청으로부터 블록체인 기반 보험에 날씨정보가 전달됨과 동시에 보험금이 가입자에게 전송된다.

결과적으로 보험사 내에서 보험과 관련된 증빙서류를 검토하고 보험금 지급 프로세스를 집행하는 직원들이 프로그램 코드로 대체되는 것이다. 그야말로 조지프 슘페터Joseph Schumpeter가 주창한 '창조적 파괴Creative Destruction'다.

그러나 실제로 블록체인 기술을 도입하기 전에 사회적으로 해결되어야 할 몇 가지 선행 조건이 있다. 첫째는 규제 이슈다. 현실 세계에서는 개인이나 법인이 행동하기 전에 지켜야 할 규제를 사전에 제시하고 이를 지키지 않았을 때 법원의 판단에 따른 처벌을 함으로써 사회 질서를 유지한다. 반면 스마트 콘트랙트는 그 안에 내재된 자동실행Self-execution 기능으로 인해 지키지 않는다는 것 자체가 불가능하다.

그런데 만약 프로그램된 코드가 애초에 잘못되어 있어 불법을 저지른다면 누구를 처벌해야 할까? 판단이 쉽지 않은 부분이며, 이러한 부분을 기존의 법체계에 반영하기 위한 제도적 노력이 선행되어야 한다.

둘째는 오라클Oracle 문제다. 블록체인 위에서 이루어진 거래라면 투명성과 신뢰가 보증된다고 생각하기 쉽다. 하지만 블록체인에 기록된 정보 자체기 가짜라면? 예컨대 내가 스테이블코인으로 금 기반 토큰을 구입했지만 사실 토큰 발행자는 금을 보유조차 하고 있지 않은 상황이다.

이처럼 블록체인 바깥에 있는 가치를 블록체인 위에 기록할 때 발생할 수 있는 신뢰의 이슈가 바로 오라클 문제다. 이는 결국 신뢰할 수 있는 주체가 블록체인 바깥의 데이터를 블록체인 위에 올리는 과정에서의 진실성을 보증해주어야 한다. 다소 모순되어 보이지만 이러한 이유 때문에 탈중앙화 비즈니스가 현실화되기 위해 중앙화된 신뢰 기관이 필요하다.

지금까지의 논의를 정리해보자. 블록체인 기술이 나타난 이후 중개인이 없는 거래, 즉 '탈중앙화'된 거래 방식이 가능해졌다. 그리고, 이처럼 플랫폼 기업을 가운데 두고 이루어지는 거래가 아닌 모든 거래 당사자들이 직접 연결되어 기능하게 되는 온라인상의 협력방식을 '웹 3.0'라고 부를 수 있을 것이다.

블록체인 업계에 종사하는 일부 사람들이 '탈중앙화'를 절대적인 가치나 꼭 지켜야 하는 이념처럼 언급한다. 반대로 제도권 일부에서는 '탈중앙화'라는 단어 자체를 '무정부주의'와 동일선상에 놓으며 거부감을 보이기도 한다. 그러나 '탈중앙화'는 블록체인이 구현하고자 했던 개인 대 개인 거래방식에서 중개인이 빠졌기 때문에 나타난 결과를 일컫는 가치중립적 용어에 불과하다.

웹 3.0 비즈니스를 준비하는 여러 기업과 창업가의 입장에서는 웹 3.0의 특성과 적용 가능범위 그리고 블록체인 기술이 적용되면서 나타날 수 있는 기회에 집중하는 보다 실용적인 자세가 필요하지 않을까?

다음에는 블록체인 기술이 각 분야의 산업과 만나 나타날 수 있는 변화의 양상에 대해 살펴보고자 한다.

화폐의 미래:
CBDC vs. 스테이블코인

CBDC는 Central Bank Digital Currency(중앙은행이 발행한 디지털화폐)의 약자다. 법정화폐와 동일한 가치를 지니나 메인넷에서 발행되었다는 차이가 있다. 이렇게 보면 스테이블코인과 같은 게 아닌가 하는 생각이 들 수 있다. 그러나 결정적 차이가 존재한다. 다음의 주장을 확인해보자.

1. CBDC는 정부가 미국인들을 감시하고 통제하려는 수단이다.
2. CBDC로 인해 국민의 경제적 주권은 박탈될 것이다.
3. CBDC를 이용해 중앙은행은 힘을 얻고 시민들의 자유를 박탈할 것이다.

이는 미국 공화당의 강력한 차기 대선 후보로 거론되는 론 디샌티스Ron DeSantis 플로리다 주지사의 말이다. 이 맥락을 이해하기 위해서는 1장 본문의 마지막 부분에서 언급한 비트코인의 특성을 떠올려볼 필요가 있다. 비트코인은 익명으로 거래가 이루어지지만, 블록체인의 특성상 특정 주소가 특정인의 것임이 알려지면 그 사람의 모든 거래내역을 알 수 있다. 블록체인 기술을 이용해 중앙은행이 디지털화폐를 발행한다면 중앙은행이 모든 국민의 거래 송금 내역을 샅샅이 들여다볼 수 있다는 우려, 즉 '빅 브라더*'에 대한 우려가 충분히 나올 수 있는 상황이다.

그럼에도 불구하고 CBDC는 거스를 수 없는 흐름으로 보인다. 최근의 미국 싱크탱크 애틀랜틱 카운슬Atlantic Council의 조사에 따르면, 전 세계 GDP의 95%를 차지하는 114개국이 CBDC 발행을 검토 중이라고 한다. 이 가운데 26%는 일반 CBDC 네트워크를 출시했거나 실험 중이고, 30%는 개발 중이며, 27%는 연구단계에 있는 것으로 밝혀졌다.

특히 중국은 이미 디지털위안화 지갑을 보급하고, 공무원 임금을 디지털위안화로 지급하는 등 제한적인 디지털위안화 사용 실험을 지속하고 있다. 이는 아무래도 개인의 프라이버시에 대한 인식이 높지 않은 중국사회의 특성이 영향을 미친 것으로 보인다. 앞서 미국과 중국의 사례에서 보듯 CBDC 도입 논의는 개인의 자유, 프라이버

---

* 정보 독점으로 사회를 통제하는 권력 및 체제

시에 관한 논쟁과도 맞닿아 있다.

그렇다면 우리 사회에 CBDC가 전면적으로 도입된다면 어떤 일이 일어날까? 모든 국민이 각자의 디지털 지갑을 이용해 중앙은행과 연결된 계정으로 송금과 결제 등 모든 금융활동을 하게 된다면 말이다. 블록체인 기반의 디지털화폐라면 이자 지급 또한 너무나도 간단한 일이다. 이러한 상황이 벌어진다면 기존의 시중은행들은 사라질 위기를 맞을 텐데 이는 간단한 일이 아니다.

또한 앞서 언급한 프라이버시 문제도 있다. 미국과 유럽, 우리나라와 같은 민주 국가에서 중앙은행이 모든 국민의 금융활동을 모니터링할 수 있는 전면적 CBDC의 도입 가능성은 그다지 높지 않아 보인다. 그러나 이러한 문제에서 자유로운 금융 기관 간의 거액 결제나 국경을 넘는 무역 대금 결제 등은 어떠할까? 이 경우 도입에 따른 비용보다 편익이 훨씬 커질 것으로 예상되며 도입에 따른 반발도 크지 않을 것으로 보인다. 스테이블코인의 경우 기업 주도로 개발되어, 프라이버시 논쟁에서 CBDC보다 상대적으로 자유로운 입장이라고 볼 수 있다. 여러 기업의 각축전이 전개되고 있기 때문이다.

스테이블코인은 지급준비자산에 따라 두 가지로 분류되는데(앞서 3장의 스테이블코인 설명을 확인해보자), 법정화폐 담보형 스테이블코인은 현재의 복잡한 결제 구조, 중앙화된 금융 기관들끼리의 연동을 위해 필연적으로 복잡해진 시스템의 해결책으로 주목받고 있다. 특히 스테이블코인의 장점은 해외 결제에서 더욱 두드러진다.

스테이블코인이 본격적으로 도입된다면 해외 간편 결제 같은 결

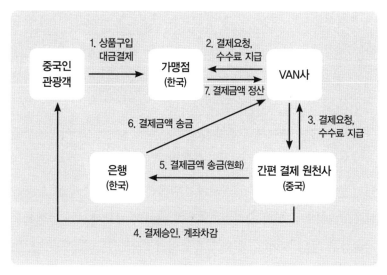

출처: 저자 정리

제 시스템은 사라지게 될 것이며, 결제에 따른 비용은 현재와는 비교할 수도 없이 낮아지게 된다.

현재 스테이블코인 시장의 압도적인 1위 사업자는 테더다. 여러 언론에 따르면 테더의 2022년 순이익은 약 60억 달러라고 하며, 이는 세계 최대 자산운용사인 블랙록Blackrock의 약 55억 달러를 뛰어넘는다. 많은 사람에게 이름조차 생소한 테더라는 회사는 어떻게 돈을 버는 것일까?

테더와 같이 스테이블코인을 발행하는 회사들은 고객으로부터 예치금을 받고 이에 상응하는 스테이블코인을 발행한다. 그리고 이 예치금을 미국 국채와 같은 자산에 투자한다. 보통 스테이블코인을 예치하거나 인출할 때 수취하는 수수료는 0.1% 수준이다. 현재 테더 스테이블코인 USDT의 총 발행액은 약 830억 달러다. 이에 상응하는 예치금을 미국 국채에만 투자해도 5% 이상의 연 수익률을 올릴 수 있으며, 여기에 예치 및 인출로 수취하는 수수료 등을 고려하면 연간 약 7% 이상의 수익이 발생한다.

앞서 언급한 블랙록의 운용자산 규모는 약 9조 4,000억 달러, 우리 돈으로 약 1경 원이 넘는 어마어마한 규모지만 순이익 규모는 약 55억 달러에 불과하다. 반면 테더의 자산은 약 830억 달러로 블랙록의 1/100에도 미치지 못한다. 그런데 순이익 규모에서는 블랙록을 뛰어넘고 있는 것이다. 전통 금융권의 시각에서는 이해할 수 없는 일이지만 다른 각도에서 생각해보면 기존 금융 시스템이 그만큼 비효율적으로 돌아가고 있었다는 반증일 수 있다.

테더는 이더리움 기반에서 발행된다. 기존에 만들어져 있던 이더리움 네트워크 위에서 달러화를 토큰화하고, 지극히 낮은 비용으로 이를 전 세계에 유통시켜 전 세계를 상대로 높은 수익성을 기록하는 기업 중 하나가 되었다. 즉 테더는 앞으로 블록체인 기반으로 탄생할 수많은 새로운 금융회사가 가져올 혁신적 파괴의 예고편에 불과할지도 모른다.

미국의 전통 금융권과 IT 업계가 이러한 비즈니스 기회를 두고만 볼 리 없다. 골드만삭스의 자회사이기도 한 서클Circle은 뉴욕 금융감독청에 등록되어 규제 준수를 강점으로 내세우고 있으며, 현재 약 260억 달러 규모의 스테이블코인 USDC를 발행 중인 세계 2위 스테이블코인 사업자다. 2023년 8월에는 미국의 대표적인 디지털 결제 기업 페이팔이 팍소스 사와 함께 PYUSD라는 스테이블코인을 출시하면서 경쟁에 뛰어들었다. 향후 각국의 스테이블코인 규제의 향방, 결제 및 송금 과정에서 보다 나은 사용자 경험의 제공, 결제 네트워크 운영의 안정성 등에서 승패가 가려질 것으로 예상된다. 그 과정에서 기존의 수많은 결제 사업자가 펼치는 여러 대응 방법도 재미있는 관전 포인트다.

사실 전 세계에서 가장 뛰어난 금융 IT 인프라를 보유한 우리나라는 이러한 결제 혁신이 가져올 효과가 크게 체감되지 않을 수 있다. 그러나 이러한 혁신이 금융 인프라가 낙후된 여러 개발도상국에서 가져올 효과는 쉽게 상상하기 힘들다. 현재 전 세계 성인 중 은행계좌를 보유하지 못한 인구는 약 20억 명 정도로 추산된다. 반면 동남아시아나 아프리카의 개발도상국을 포함하더라도 전 세계의 90% 이상이 스마트폰 사용이 가능한 것으로 알려져 있다. 블록체인 기술과 스테이블코인을 이용해 만들어질 글로벌 결제 및 송금 인프라는 제3세계의 일상을 바꾸고 지구적인 부의 편중을 완화시킬 잠재력을 가지고 있다는 뜻이다.

한편 일각에서는 CBDC나 스테이블코인이 보급되면 기존의 변동성 있는 디지털자산, 비트코인 등이 힘을 잃을 것이라는 주장을 하기도 하지만 그 가능성은 높지 않다고 본다. 비트코인을 비롯한 디지털자산을 사용하는 이유는 결제의 편의성이나 낮은 비용뿐만이 아니기 때문이다.

기존 법정화폐가 디지털화되더라도 중앙은행의 통제로부터 자유롭고 공급량이 한정되어 있어 나타나는 인플레이션 헤지 자산으로서의 장점은 여전히 남는 만큼 가치 저장 수단으로서의 비트코인 수요는 유지될 것으로 보인다.

정리해보자. 앞으로 우리는 CBDC와 스테이블코인, 비트코인과 같은 디지털자산이 공존하는 신新 화폐 시대를 맞이하게 될 것으로 보인다. 미래 당신의 디지털 지갑에는 다양한 디지털화폐가 담겨 있을 것이다. 평소에 디지털 지갑 안에 비트코인을 넣고 다니다가 다른 나라에 가서는 낮은 비용으로 편리하게 그 나라 화폐 기반 스테이블코인으로 환전해 쇼핑을 즐기는 세상이 조만간 다가올 것으로 예상된다.

금융의 미래: 탈중앙화 금융, 디파이

머릿속에 해외 송금 절차를 떠올려보자. 은행 영업시간에 맞추어 송금 사유별 건당 송금 한도를 확인한 후, 외국환은행을 지정한 뒤 필요한 증빙자료와 정보를 입력하고 나면 송금 버튼을 누를 수 있다. 버튼을 누르고 나면 이런 안내문이 나온다. '접수 후 영업일 기준 약 2~3일이 소요되며, 은행별, 국가별 송금 도착시간에는 차이가 있을 수 있습니다.'

이 '영업일 기준 2~3일' 동안 다음과 같은 일이 일어난다. 내가 송금을 신청한 A은행에서 국내 스위프트망 중개은행으로 정보가 송신된다. 국내 중개은행은 국외 스위프트망 중개은행으로 송금정보를 보낸다. 국외 중개은행은 내가 송금하기로 한 국외의 B은행에 다시

■ 스위프트 해외 송금 구조

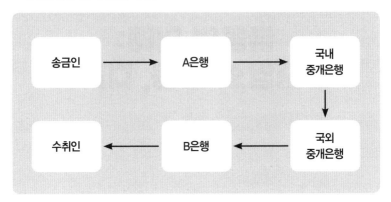

송금인 → A은행 → 국내 중개은행 ↓ 국외 중개은행 ← B은행 ← 수취인

정보를 전달한다. 이런 절차를 거치다 보니 해외 송금 수수료는 무려 5~7%나 발생한다.

해외 송금은 1회에도 많은 절차를 필요로 한다. 과도한 수수료에 효율성이 떨어지는 이 절차의 대안으로 각광받는 것이 바로 탈중앙화 금융인 '디파이'다. 디파이란 블록체인 기술을 이용해 구현하는 금융 시스템으로 중앙화된 국가나 중개 기관을 거치지 않고 송금이나 결제, 예금, 대출, 보험 등의 금융 활동을 하기 위해 고안되었다.

디파이를 이용한 해외 송금을 진행한다면 사용자는 디파이 애플리케이션에서 송금받을 주소로 송금할 디지털자산을 보내면 끝이다. 어떤 증빙도 절차도 필요 없다. 게다가 절차가 대폭 간소화되므로 중개비용은 큰 폭으로 줄어들고, 속도는 더욱 빨라진다. 스마트 콘트랙트를 기반으로 하는 디파이는 사용자들이 편리하게 송금 서비스를 이용할 수 있고, 은행 계좌가 없는 사용자라고 하더라도 디파이 애플리케이션만 다운받는다면 누구나 쉽게 접근할 수 있다.

디파이가 처음 세상에 그 모습을 드러냈을 때, 사람들은 비효율을 개선하는 혁신을 체험하고 매우 열광했으나, 보편화는 쉽지 않은 실정이다. 디파이에서 화폐처럼 사용되는 디지털자산의 가격이 법정화폐처럼 안정적이지 못하고 변동성이 높아 자꾸 잔액이 변동되는 다소 당황스러운 상황이 연출되기 때문이다.

디파이 프로젝트가 세상의 뜨거운 관심을 받았던 2021년, 디파이는 기본적인 송금을 넘어 디지털자산을 이용한 예금, 대출 P2P 서비스를 연이어 선보였다. 마침 코로나19 팬데믹 이후 미국의 양적완화로 시장이 돈이 풀리기 시작하자 사람들은 디파이가 기존 금융 서비스보다 LTV*가 높고, 대출이 용이하다는 점을 이용해 디지털자산을 예치하고 예치된 디지털자산을 담보로 대출을 받아 재투자를 하기 시작했다.

당시 디파이를 제법 사용한다는 사용자들은 A 디파이에서 디지털자산을 빌리고, 빌린 만큼 다시 B 디파이에 디지털자산을 예치해 또 돈을 빌리는 식으로 자산을 무섭게 불려나가기 시작했다. 상승장에서는 투자 성적이 매우 좋은 편이었다. 더 큰 수익을 얻기 위해서 투자자들은 예치와 담보 및 재대출을 반복하며 자산의 규모를 키워가기도 했다.

---

* 주택 가격 대비 대출 가능 비율

하지만 하락장이 시작되자 시장은 급속도로 냉각되며 투자자들의 지산은 빠른 속도로 줄어들었다. 대출을 위해 담보한 디지털자산의 가격이 떨어지자, 스마트 콘트랙트는 입력된 코드에 따라 투자자들의 담보 자산은 자동 청산되었고, 투자자들의 자산은 연쇄적으로 청산되기 시작했다. 이러한 투자자들의 폭락은 바로 디파이 업체의 파산을 야기했다. 맡겨둔 디지털자산을 모두 팔아 손실을 회피해야 하는데, 코드에 입각한 스마트 콘트랙트가 투자자들이 맡겨둔 코인조차 재빠르게 청산해버린 것이다.

이러한 일을 겪고 나니 투자자들은 디지털자산의 가격이 떨어졌을 때 자산의 가치를 보장해주지 못하는 디파이에 대한 비난을 이어나갔다. 이에 따라 요즘의 디파이 담론은 스테이블코인을 활용하는 방향으로 흘러가고 있다. 스테이블코인은 법정화폐 등 안전자산을 페깅하기 때문에 가격이 안정적으로 유지될 수 있고, 발행 재단들도 전통적인 금융 기관처럼 준비금을 준비해야 하기 때문에 투자자들은 비교적 스테이블코인을 안정적이라고 느낀다.

그렇다면 상상해보자. 실물자산, 기존 증권이나 채권 등이 블록체인 기술을 활용해 토큰화되고 이를 안정적인 스테이블코인으로 거래하며, 디파이 또한 스테이블코인을 이용해 다양한 금융 서비스를 출시한다면 세상은 어떻게 변화될까? 그러한 세상이 온다면 우리는 어떠한 중개 기관도 없이 자유롭게 금융 생활을 하면서 보다 편리하고 혁신적인 금융 서비스를 누릴 수 있게 될 것이다. 기존 금융 서비스와 비교도 되지 않는 새로운 금융 생태계가 구현되는 것이다.

투자의 미래:
RWA

보스턴컨설팅그룹 리포트에 따르면, 2030년경에는 전 세계 GDP의 10%, 약 16조 달러에 상당하는 자산이 토큰화될 것으로 전망된다고 한다. 그리고 최근 부쩍 업계 관계자들 사이에서 언급이 늘어난 용어가 바로 RWA Real World Asset(실물자산의 토큰화)다.

'RWA'는 실물자산(주식, 채권, 부동산, 금, 와인, 라이선스 등)에 대한 권리를 블록체인에 올려 디지털자산으로 변환하는 것을 의미한다. 이렇게 보면 기존 전통 금융 상품인 ETF나 펀드 등과 다를 바 없어 보이기도 한다. 그런데 왜 RWA에 대한 관심이 높아지고 있는 것일까?

첫째, RWA는 낮은 비용으로 유동화가 가능하다. 자산을 토큰화한다면 투자 상품을 아주 작은 단위로 쪼갤 수 있기 때문에 소액으로도 거래가 가능해 유동화에 용이하다. 기존 ETF 같은 투자 상품은 정해진 좌수 단위로만 거래가 가능하지만, 토큰화된 실물자산은 아주 작은 소액으로도 거래가 가능하다.

둘째, 실물자산을 블록체인 위에 올려 온체인화하면 그 가치를 거의 영속적으로 기록할 수 있다. 즉 권리 주체들은 권리의 변동내역, 거래내역 등을 분산원장 기록으로 확인할 수 있다. 예컨대 탄소배출권은 장부상의 더블카운팅* 문제로 인해 거래의 어려움이 발생하는데, 탄소배출권을 온체인화한다면 더블카운팅 문제 해결과 거래내역 추적이 가능해 정부가 탄소세를 부과하기도 용이하다. 또한 파라과이에 산림을 조성해 얻은 탄소배출권을 블록체인을 이용해 토큰화한다면 지구 반대편인 우리나라에서 손쉽게 거래할 수 있는 글로벌 마켓 시장 조성이 가능해진다.

셋째, RWA가 스마트 콘트랙트와 결합될 경우 엄청난 잠재력이 발현될 것으로 보인다. 예를 들어 금과 같은 자산의 실물 기반 토큰을 담보로 이용해 대출을 받거나, 보험 가입 등을 할 수 있게 되는 시장이 열리면 이는 기존 산업과 금융의 효율성을 비약적으로 높일 수 있는 계기가 될 수 있다.

참고로 RWA는 STO^Security Token Offering 보다 넓은 개념이다. RWA는 현실 세계에 존재하는 모든 가치 있는 자산을 뜻하며, 증권성 토큰 (최근 한국의 금융위원회는 이를 '토큰증권'으로 명명)은 증권성이 존재하는

---

* 가치의 중복 계산으로, 이중지불 문제와 유사한 개념

일부 자산만을 가리키기 때문이다. 토큰증권과 당국의 가이드라인에 대한 자세한 내용은 4장 '레벨업'을 참고하기 바란다.

RWA의 주된 이슈로는 '어떤 블록체인에서 발행할 것인가'를 꼽아볼 수 있다. 국내에서는 일반적으로 금융 기관들이 주축이 된 프라이빗 블록체인(미리 정한 개인이나 기관만 노드로 참여 가능한 폐쇄형 블록체인으로, 기록이 외부에 공개되지 않는다)을 이용해 RWA 토큰을 발행하는 방식을 선택 중이다. 이 경우 '개방된 분산원장'이기 때문에 얻어지는 신뢰 대신 프라이빗 블록체인을 구성하는 각 노드들을 신뢰해야 한다는 문제가 생긴다. 이러한 이유에 더해 비용적인 문제 같은 이유로 미국 같은 선진국에서는 이더리움 기반 실물자산 토큰 발행이 증가하는 추세다.

참여자가 많고 오래 지속된 체인이라면 영속성과 투명성이 높으며, 보안성도 뛰어난 체인으로 평가받는다. 이더리움에 기반한 RWA라면 들어보지 못한 기업들이 발행한 프라이빗 블록체인의 RWA보다 접근성과 신뢰성이 훨씬 높아지는 것이다.

또 다른 이유로는 토큰화 이후 비즈니스적 측면에서 혁신의 가능성이 커진다는 점을 들 수 있다. 주요 메인넷 중 이더리움의 개발자 풀이 가장 크기 때문에 이더리움을 기반으로 한 다양한 디파이 혁신 상품이 지속적으로 등장할 가능성이 높다.

글로벌 측면에서도 세계적으로 가장 널리 쓰이는 네트워크가 이더리움 네트워크이므로 국경 간 거래에서의 용이성도 커질 것으로 보인다. 따라서 RWA 비즈니스를 위해서는 개방된 글로벌 인프라로서의 블록체인 속성에 대해 깊이 고민할 필요가 있다. 실물 기반 토큰은 앞서 언급한 스테이블코인과 디파이 등 블록체인 기반 기술·서비스들과의 결합이 용이해질 때 더 큰 혁신을 불러올 수 있기 때문이다.

기업의 미래:
DAO

2021년 말 전 세계 3대 경매 시장 중 하나인 소더비^{Sothebys}에서 흥미로운 장면이 연출되었다. 당시 가장 큰 관심을 모은 경매 물건은 미국 헌법 초판본이었다. 흥미로운 부분은 경매에 참여한 주체였다. 한쪽은 미국의 대형 금융회사인 시타델^{Citadel}의 창업자이자 전설적인 투자자 켄 그리핀$^{Ken Griffin}$이었는데 당시 경쟁자가 '컨스티튜션 다오$^{Constitution DAO}$'라는 블록체인 기반 조직이었기 때문이다.

이들은 미국의 헌법이 미국의 보통 사람들에게 돌아가야 한다고 믿는 수많은 불특정 다수였는데 피플 코인$^{People Coin}$이라고 하는 디지털자산을 발행해 이더리움으로 돈을 모았던 것이다. 그런데 그 금액이 무려 약 4,700만 달러에 달했다고 한다.

이들은 경매 낙찰에는 아쉽게 실패했지만 이 사건 이후 DAO(탈중앙회 지율 조직)라는 개념은 세계적으로 널리 알려지게 되었다. 공동의 목표를 가진 사람들이 모여 협력하고 이에 따른 보상을 나누어 가지는 조직이라고 하면 우리가 가장 먼저 떠올리는 것은 아마 '주식회사'일 것이다. 흔히 17세기 초 네덜란드의 '동인도회사'를 주식회사의 시초로 본다. 신대륙과의 무역을 위해 자금을 모을 수단이 필요했던 당시 사람들이 주식 발행으로 자금을 모으고, 이를 이용해 거대한 함선을 만들고 대규모 함대를 꾸릴 수 있었다. 이를 통해 얻어진 부는 네덜란드를 세계 최강대국의 위치에 올려놓았다.

그리고 현재 많은 사람은 DAO가 주식회사 못지않은 혁신적인 협력 방식의 전환을 이루어낼 것이라고 지목하고 있다. 그렇다면 DAO는 어떻게 작동하는가? 사실 대부분의 블록체인 프로젝트는 DAO와 동일한 방식으로 돌아간다. 이더리움 네트워크의 주요 의사결정은 이더리움 보유자들의 합의에 의해 이루어진다. 이더리움 네트워크의 가치 상승에 따른 배분도 보유자들에게서 이루어진다. 토큰 보유자들은 주식회사의 직원이면서 주주이기도 한 것이다. 여기서 중요한 것은 이 보유자들은 대부분 서로의 존재조차도 모른다는 사실이다. 또한 토큰을 사서 이 커뮤니티에 들어오는 것, 토큰을 팔아서 커뮤니티에서 나가는 것도 완전히 자유롭다.

즉 전 세계 어디에서든 자신이 참여하고 싶은 프로젝트에 참여하고 사전에 정해진 스마트 콘트랙트에 따라 기여한 만큼의 보상을 받아 생활할 수 있는 새로운 형태의 자율 조직이 탄생한 것이다. 노동

법의 영향도 받지 않고, 상하관계도 없는 완전히 새로운 조직이다. 그렇다면 DAO는 기존의 주식회사를 대체할 수 있을까? DAO 생태계 분석 사이트 딥다오^{DeepDao}에 따르면 2023년 9월 4일 기준 집계된 DAO 거버넌스의 숫자는 약 2만 개, 운용자산은 한화로 약 3조 1,000억 원에 달한다고 한다. 그러나 성공적으로 운영되는 DAO는 많지 않은 것으로 보인다.

DAO 운영자들의 말에 따르면 커뮤니티 내의 강한 결속력과 구성원들의 높은 참여가 필수적인데 DAO라는 조직의 특성상 이를 충족하기가 쉽지 않다고 한다. 또한 온라인상에만 존재하는 DAO가 현실 세계에서 사업을 펼치기에는 난관이 많다. 우선 부동산이나 물건을 사기 위해서는 계약 주체로서의 법 인격이 있어야 하는데, 법 인격을 인정받기가 쉽지 않다. 그리고 대부분의 국가에서는 조직을 대표할 대표이사나 이사회가 있어야 하는데 이러한 조건을 충족시키기도 어려운 측면이 있다.

그러나 미국의 일부 주에서는 DAO를 법적 주체로 인정하면서 이를 끌어안으려는 움직임을 보이고 있다. 버몬트주는 DAO를 명시적으로 언급하진 않았지만 2018년 처음으로 '블록체인 기반 비즈니스 행위'를 하는 단체를 BBLLC$^{blockchain-based\ LLC}$로 등록하도록 했다. 와이오밍주는 2021년 7월 최초로 DAO(정확히는 DAO가 보유한 자산을 관리하는 회사)를 법적 주체로 인정했으며 이후 DAO 명의의 법정 계약, 자산 구매와 같은 행위가 가능해졌다.

우리나라에서는 지나친 수도권 집중 현상이 커다란 사회 문제로 대두된 지 오래다. 국민이 수도권 거주를 선호하는 데는 여러 이유가 있겠지만 아무래도 양질의 일자리가 수도권에 집중되어 있디는 것이 가장 큰 이유일 것이다. DAO가 보편화된 미래를 상상해보자. 국적도 거주지도 중요치 않다. 본인이 좋아하는 프로젝트에 참여해 자신이 일하고 싶을 때 일하고 그에 따른 보상을 받아 생활할 수 있을 것이다. 직장이 가까운 곳이 아닌 집값이 싸고 자연환경이 좋은 곳을 찾아 전 세계를 떠도는 디지털 노마드들의 세상, DAO가 가져다줄 미래의 모습일 수 있다.

교류의 미래:
메타버스

매해 1월 미국 라스베이거스에서는 시대를 앞서가는 최첨단 기술들이 한자리에 모이는 세계 최대의 IT 전시회 'CES^International Consumer Electronics Show'가 열린다. CES는 IT 산업을 중심으로 다양한 산업을 넘나드는 최신 기술 트렌드를 파악할 수 있는 전시회로 매회 전 세계 수천 개 기업과 수십만 명의 방문객이 참가한다.

'CES 2023'의 중앙홀을 차지한 테마는 '메타버스와 웹 3.0'이었다. 그동안 중앙홀은 전통 기업들의 전유물이었지만, 이번에는 XR^Extended Reality(확장현실) 기기 제조 기업 같은 메타버스 관련 기술 기업이 중앙홀을 차지했다. 올해 행사 도중 메타버스 관련 세미나와 세션만 15회 개최되었고, CES를 주최하는 미국소비자기술협회^Consumer

Technology Association, CTA가 시상하는 '최고혁신상Best of Innovation Award'에서도 전체 23개 부문 중 절반에 가까운 10개 부문에서 메타버스 관련 제품이 선정되었다.

메타버스가 무엇이기에 전 세계 IT 기업들과 투자자들의 관심을 한 몸에 받고 있는 것일까? 확실히 코로나19 팬데믹 이후부터 메타버스라는 단어는 우리 주위에서 흔히 접할 수 있는 단어가 되었다. 네이버가 2018년 출시한 메타버스 플랫폼 '제페토ZEPETO'는 누적 다운로드 인원 약 4억 명과 월 활성 이용자 수 약 2,000만 명을 달성하며 글로벌 10대들의 '필수 애플리케이션'으로 자리 잡았고, 페이스북은 2021년 사명을 '메타Meta'로 변경하며 메타버스를 주력 사업 분야로 삼을 것이라고 밝혔다. 이에 세계 유수의 컨설팅 기업들은 메타버스 시장의 규모를 2030년까지 최대 약 5조 달러(약 6,510조 원)에 육박할 것으로 예측하기도 했다.

그러나 기업들이 이야기하는 메타버스가 어떤 개념인지, 구체적으로 어떤 모습인지는 명확히 이해하기 어렵다. 누군가는 메타버스를 생각하면 '제페토'와 같은 온라인 플랫폼에서 가상의 아바타를 활용해 다른 사람들과 소통하는 장면을 떠올리는 반면, 누군가는 VRVirtual Reality 기기를 착용하고 마치 가상 세계에 실제로 자신이 들어간 듯한 경험을 하는 장면을 떠올린다. 항상 메타버스와 함께 따라다니는 블록체인의 개념에 대해서도 메타버스에 정말 블록체인이 필요한지, 반드시 NFT가 메타버스 세상에서 필요한 것인지, 만약 필요하다면 지금 NFT를 사용하지 않고도 잘 운영되고 있는 메타버스 플랫폼들은 어떻게 설명할 것인지 등 여러 생각이 뒤섞이며 쌓이는 의문들이 허공을 떠다닌다.

메타버스라는 단어가 단지 지나가는 유행이 아닌가 생각하는 사람도 많다. 구글 트렌드 자료를 보면 메타버스에 대한 최근 관심도는 한창 대중의 관심이 뜨거웠던 2022년 초의 15% 수준에 불과하다. 금융 기관과 각 기업에 우후죽순처럼 생겨난 메타버스 서비스도 현재는 이용하는 사람이 그렇게 많지가 않으므로 사실상 유명무실이 되었다.

메타버스에 대한 인식은 한편에서는 혁신의 중심에 있는 기술 트렌드로, 한편에서는 한때 반짝한 그저 그런 유행 중 하나로 극명하게 갈린다. 메타버스를 더욱 분명하게 이해하기 위해서는, 특히 메타버스에서 블록체인이 왜 필요한지 그리고 어떤 형태나 과정으로 필요한지를 분명하게 이해하기 위해서는 사람들의 인식에 이러한 간극이 생기게 된 배경을 먼저 살펴볼 필요가 있다.

오래된
미래

메타버스는 가상, 초월을 의미하는 '메타Meta'와 세계, 우주를 의미하는 '유니버스Universe'의 합성어로 직역하면 '가상 세계'다. 메타버스는 1992년 출간된 미국 SF 작가 닐 스티븐슨Neal Stephenson의 소설 『스

■ 메타버스 네 가지 유형

유형	설명	예시
증강현실	현실 공간에 2D, 3D로 표현되는 가상의 물체를 겹쳐놓음	– 포켓몬고 – 인그레스 – 이케아 플레이스
라이프로깅	개인의 일상과 경험을 가상의 공간에 기록하고 공유하는 활동임	– 나이티 트레이닝 클럽
거울 세계	실제 세계를 가능한 사실적으로 반영하고, 정보적으로 확장된 가상 세계	– 구글어스 – 업랜드
가상 세계	현실 세계를 확장시켜 유사하거나 대안적인 세계관을 구축함	– 세컨드라이프 – 로블록스 – 제페토

출처: ASF, KIET, 삼정KPMG 경제연구원

노 크래시Snow Crash』에서 처음 등장했는데, 이 개념이 본격적으로 정립되고 유형화된 것은 2007년 미국 비영리 가속연구재단Acceleration Studies Foundation, ASF이 제시한 메타버스 유형 분류 틀이 생겨나면서다.

분류에 따르면 메타버스는 기술의 적용 형태(증강 및 시뮬레이션)와 대상의 지향 범위(개인 및 외부 세계)를 기준으로 '증강현실Augmented Reality' '라이프로깅Life-Logging' '거울 세계Mirror Worlds' '가상 세계' 네 가지로 구분된다. ASF는 이러한 분류를 거쳐 메타버스를 가상과 현실이 상호작용하며 형성된 하나의 인지공간으로 보며, 메타버스는 각 유형의 구분이 모호해지는 동시에 교차·결합·수렴되는 형태로 발전할 것으로 전망했다.

ASF가 분류한 네 가지 유형에서 우리에게 가장 익숙한 것은 '포켓몬고Pokemon-Go' 게임과 같이 기기를 사용해 현실에 2D나 3D 형태의 가상 물체를 겹쳐서 보여주어 유저와 상호작용할 수 있도록 하는 '증강현실'과 제페토와 같이 가상 공간에 현실과는 별개인 세계를 디지털 데이터로 구축해 제공하는 '가상 세계'다. 특히 메타버스 관련 사업을 추진하는 기업들 중 소비자들과 가장 맞닿아 있는 전 세계 플랫폼 기업은 가상 세계 유형의 메타버스 모델을 주로 만들어왔다. 메타버스 산업의 선두주자로 미국 증시에 상장된 '로블록스Roblox', 네이버의 제페토가 대표적인 예다.

이미 존재해왔던 메타버스 개념이 다시금 부상한 것에 대해 여러 기관은 코로나19 팬데믹을 주된 원인으로 지목한다. 코로나19 팬데믹의 여파로 인해서 사람들 간에 직접 대면과 소통이 어려워지며 산업과 사회 전반에서 디지털 전환이 가속화되었고, 가상 세계에서 현실과 유사한 경험을 제공할 수 있는 메타버스가 빠른 속도로 성장했다.

그러나 전 세계적으로 사회적 거리 두기가 완화되자 주요 메타버스 플랫폼의 성장은 점차 정체되고 있다. 로블록스는 2022년 상장 이후 최초로 일일 활성 이용자 수 감소를 기록했고, 4분기에도 3분기와 유사한 성장 수준을 기록하며 성장이 둔화한 모습을 보여주었다. 주가 역시 2021년 11월 최고점 기준 40% 하락했다. 이더리움을 기반으로 한 대표적인 메타버스 플랫폼인 삼성전자의 '플래그십 스토어'가 입점해 한때 디지털자산 산업의 메타버스 선두주자로 불리

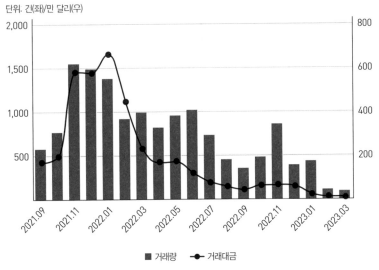

■ 디센트럴랜드 월별 부동산 거래량 및 거래대금 추이

단위: 건(좌)/만 달러(우)

거래량 ── 거래대금

출처: 카탈리스트 모니터Catalyst-monitor, Dune

었던 디센트럴랜드는 동시 접속자 수가 현재 약 400명 내외에 불과하다. '가상 토지Land'의 판매량과 판매액도 2021년 대비 급격히 감소했다. 디센트럴랜드 토큰의 가격 또한 최고점 기준 90% 정도 급락했다.

그렇다면 이렇게 메타버스에 대한 대중들의 관심이 사그라드는 상황에서 어떤 이유로 세계 유수의 IT 기업들은 메타버스에 주목하고, 글로벌 컨설팅 기업들이 메타버스 시장의 가치를 수조 달러 수준으로 평가하는 것일까?

글로벌 시장 조사 기업 가트너Gartner의 2022년 하이프 사이클Hype

Cycle for Emerging Technology*에 따르면, 이러한 메타버스 관련 기술은 '혁신 출현Innovation Trigger' 단계로 초기 단계의 모델들이 등장하며 미디어의 이목이 집중되고 사람들의 관심을 불러일으키기 시작하는 단계다. 다르게 표현하자면 시장의 주류로 자리 잡기까지 10년 이상이 필요한 단계다. 여러 연구 기관의 자료를 종합해보아도 현재의 메타버스 기반 기술의 발전 수준은 산업이 본격적으로 성장하기 이전의 초기 단계에 머물러 있다.

기술과 산업이 초기 단계라는 것은 다시 말해 끊임없는 기술 혁신과 경쟁으로 산업과 기업이 성장할 수 있는 공간이 열려 있다는 뜻이다. 이에 스마트폰 시대를 지배했던 소위 빅테크 기업들은 메타버스를 발전시키기 위한 투자를 시작했다. 이들은 기존 스마트폰 시대에서 성공했던 자신들의 사업 노하우, 광범위한 이용자 수, 막강한 자본을 이용해 M&A와 자체 개발로 구축하고 있는 첨단 기술을 활용해 메타버스 산업에 적극적으로 진출하고 있다. 특히 과거 '아이폰'의 출시로 모바일 산업과 우리들의 삶에 일대 변혁을 가져온 애플은 올해 다시 한번 VR 기기를 출시해 메타버스 산업의 폭발적인 성장을 견인하고자 한다.

---

* 가트너 하이프 사이클 보고서는 유망 기술이 처음 출현한 뒤 폭발적으로 성장해 정점에 도달한 후 성숙기를 거쳐 서서히 안정기로 접어드는 과정을 예측하는 보고서로, 해마다 2,000개 이상 유망 기술에 대한 전문가 의견을 수렴해 향후(2년 이내에서 10년 이후까지) 주목받을 것으로 분석·예측한 기술을 성장 주기별로 배열한 것. 기술의 성장 주기는 ①혁신 출현Innovation Trigger ②기대 정점Peak of Inflated Expectations ③환상 소멸Trough of Disillusionment ④기술 성숙Slope of Enlightenment ⑤안정 단계Plateau of Productivity로 구분되며, 신기술 노입 시기와 포트폴리오 구축, 새로운 비즈니스 창출, 신성장동력 발굴 시 고려해야 할 기술과 트렌드를 업계 관점에서 제시하는 것이 특징임

■ 메타버스 산업의 발전 단계별 특징

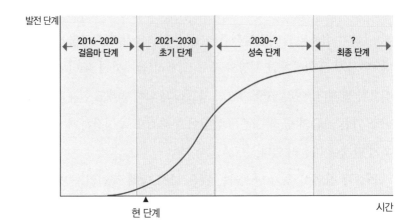

기반 기술 혁신	기반 시설 + 연결 장비	데이터 및 표준의 통일을 비롯해 메타버스 플랫폼 간의 통합	메타버스의 궁극적인 모습을 형성하기 위한 추가적인 산업적 및 개별적 통합
응용 제품 및 장비 개발	단일 산업 적용의 고도화	각기 다른 산업 간의 메타버스 적용 고도화	
온라인, 디지털 가상공간에서 기술적 시도	단일 산업 기반의 메타버스들이 다중 분산형 소규모 생태계를 구축	각각의 독립적 메타버스들이 통합되어 산업 및 개인 중심의 메타버스 생태계를 구성	

출처: 딜로이트 리서치

애플: 메타버스 산업의 부흥을
만들 수 있을 것인가?

2023년 메타버스 산업 초유의 관심사는 애플의 시장 진출이다. 애플은 7년에 걸친 개발 끝에 2023년 6월 최초의 VR·AR 기기인 '비전 프로^{Vision Pro}'를 공개했다. 애플은 비전 프로의 가격을 약 3,499달러(약 447만 원)으로 책정했으며, 내부적으로 출시 첫 12개월 동안 약 100만 대 판매를 예상하고 있다.

시장이 애플의 기기 출시에 주목하는 이유는 그동안 애플이 첨단 산업의 파괴적 혁신을 주도해왔기 때문이다. 스마트폰, 태블릿 PC, 웨어러블 기기에 이르기까지 애플은 출시하는 기기마다 공전의 히

■ **애플의 XR 분야 개발**

하드웨어	소프트웨어
독립적인 개발 및 투자로 핵심 구성요소 구축 – 칩: 바이오닉 칩, UWB 칩 – 음향: 추적 가능한 공간 음장 기술 – 센서: 이미지 센서 기술 회사 'InViage' 인수 **독립적인 개발과 인수로 핵심 인식 및 상호작용 기술 구축** – 시선 추적, 안면 인식, 음성 인식 등 기술 회사 인수	**인수 및 AR키트 독자적 개발** – 2015년 '메타오' 인수 – 2017~2020년 AR키트 4.0으로 업그레이드 – 자체 AR 렌더링 플랫폼, 3D 개발도구, AR 포맷 컨버터 등 순환형 소프트웨어 기술 생태계 형성
애플리케이션	**콘텐츠**
XR 분야 생태계 협력 앱스토어에서 개인 및 기업 고객을 위한 AR 애플리케이션 도입 – '이케아 플레이스'를 앱 스토어에 출시 – AR키트로 '아마존' 'JD.com' 및 기타 전자상거래 플랫폼들이 AR 쇼핑 기능 추가	**독자적 개발 및 인수로 콘텐츠 배포** – 인수: VR 스타트업 'NextVR' 'Spaces' 인수 – 독자적 개발: 애플 TV+스트리밍 비디오 서비스에 AR과 VR 콘텐츠 추가

출처: 딜로이트 리서치

트를 기록하며 시장의 고속 성장을 이끌었다.

그간 애플이 출시하는 제품은 여지없이 다른 경쟁 제품에 비해 완성도 높은 사용자 경험을 제공하고 시장의 새로운 도약을 촉진해 왔다는 점에서 2023년 6월 공개된 비전 프로 역시 메타버스 산업을 전혀 다른 차원으로 이끌 것이라는 기대감을 불러일으키고 있다.

무엇보다 2023년 공개된 비전 프로는 애플 CEO 팀 쿡Tim Cook이 탄생시킨 첫 번째 역작으로 현재 애플이 무엇보다 공들이는 프로젝트다. 지금의 애플을 있게 한 아이폰과 아이패드, 애플 워치는 모두 애플의 설립자 스티브 잡스Steve Jobs가 생전 구상한 제품이지만, XR 헤드셋 프로젝트는 잡스 사후 애플을 맡은 팀 쿡이 구상부터 제작까지 모든 과정을 새로이 시작한 최초의 프로젝트다.

팀 쿡은 스스로를 'AR 기술의 첫 번째 팬'이라고 자칭하며 수년 전부터 꾸준히 XR 기술의 미래를 낙관해왔다. 한 매체와의 인터뷰에서 그는 "마치 지금 우리가 '예전에는 인터넷 없이 어떻게 자라왔지?' 하고 생각하는 것처럼 미래에는 우리가 'AR 기술 없이 어떻게 인생을 살 수 있었지?' 하며 궁금해하게 될 것"이라며 궁극적으로는 AR 기술이 우리 삶 전체에 스며들 것이라고 밝혔다.

비전 프로는 아이폰 개발 기간의 2배에 달하는 7년의 개발 기간이 소요되었고, 기술적 완성도를 높이기 위해 지난 수년간 출시가 연기된 바 있다. 이 기간 동안 애플은 XR 기기 및 생태계 전반의 대대적인 기술 개발과 M&A를 추진했다. 딜로이트 러서치의 자료에 따르면 애플은 2020년 1월 기준 AR과 '3차원 재구성3D Reconstruction'에 연관된 60여 개의 특허를 취득했고, 지금까지 330개가 넘는 XR 관련 핵심 기술을 보유하고 있는 것으로 나타났다.

메타에 이어 애플이 적극적으로 메타버스의 기반이 되는 XR 시장에 진출하자 삼성전자도 2023년 2월 XR 기기 개발을 선언했다. 삼성전자는 퀄컴Qualcomm 및 구글과 협업해 하드웨어는 삼성전자가, 칩셋은 퀄컴이, 운영체제는 구글이 맡는 형태의 XR 기기를 개발 중이라 밝혔다. 국내 언론의 보도에 따르면 삼성전자는 2022년부터 XR 전담 조직을 신설하고 연구개발에 착수했으며, 2023년 2월에는 '갤럭시 글래스'라는 이름의 상표를 출원했다. 이렇듯 스마트폰 시대를 장악했던 제조 기업과 빅테크 기업의 새로운 격전지로 XR 산업이 급부상하고 있다. 그리고 이러한 XR 기기의 보급은 곧 메타버스 대중화의 초입으로 향하는 움직임이며 기업들은 관련 시장을 선점해 향후 메타버스 시장에서의 우위를 확보하기 위한 노력을 앞으로도 경주해갈 것으로 관측된다.

메타버스는 오래된 미래이자 너무 빨리 온 미래이고, 다양한 기업이 메타버스를 미래라고 생각하며 투자하고 있지만, 아직 블록체인이 반드시 일상생활에 필요할 정도의 수준에는 이르지 못했다. 오지 않은 미래가 언제 우리의 일상생활에 다가올지는 누구도 모르기에 메타버스의 가치가 천천히 올라갈지, 빠르게 올라갈지, 바닥을 찍고 올라갈지 또한 아무도 모른다. 우리 생전에 메타버스 세상이 도래하지 않을 수도 있다. 그러나 어느 현자의 말처럼 오늘 누군가 그늘에 앉아 쉴 수 있는 이유는 오래전에 누군가가 나무를 심었기 때문이고, 현명한 투자자는 비관주의자에게서 주식을 사서 낙관주의자에게 파는 법이다. 메타버스가 다시 부흥할 시기는 오리무중이지만, 메타버스의 미래를 당신이 낙관한다면 한 그루 사과나무를 심어볼 수도 있을 것이다.

창작의 미래: NFT

잠시 상상력을 발휘해보자. 어느 날 당신은 길을 가던 중 집 앞 주차장에서 2L짜리 물 1병과 금이 가득 든 007 가방을 발견했다. 가방은 주인도 없고 발견한 사람도 아무도 없으며 단지 신이 당신을 위해 두 가지 선택지를 준비한 것이라고 가정해보자. 물과 가방 중 단 하나만 가져갈 수 있다고 한다면, 어떤 것을 가져가겠는가?

　대부분의 사람은 두 상황에서 각기 다른 선택을 할 것이다. 신기하게도 물과 금의 절대적 가치에는 변함이 없는데, 상황에 따라 사람들의 욕구는 다르게 나타난다. NFT를 소개할 차례에 이러한 퀴즈를 내는 이유는 이 차이를 제대로 이해하는 것이 투자할 만한 NFT를 고르는 훌륭한 출발짐이 되기 때문이다.

'고유성'과
'희소성'은 다르다

일상생활에서 우리는 명품 가방처럼 아주 값비싼 물건이나 남들이 쉽게 가지지 못하는 물건을 볼 때 "저 물건은 희소성이 있다"라고 말하곤 한다. 희소성에 대한 사전적 정의는 '인간의 물질적 욕구에 비하여 그 충족 수단이 질적·양적으로 제한되어 있거나 부족한 상태'다. 이 사전적 정의가 흥미로운 것은 바로 그 정의에 '인간의 물질적 욕구에 비해'라는 비교의 개념을 내재하고 있다는 점이다.

그렇다면 세상에 하나뿐인 물건이라고 무조건 희소성이 있다고 볼 수 있을까? 그에 대한 답변은 '아니요'라고 할 수 있다. 왜냐하면 희소성의 핵심은 단지 그 물건이 세상에 얼마나 적게 존재하는지가 아니라, '사람들이 그 물건을 가지고 싶어하는 욕구에 비해' 세상에 얼마나 적게 존재하는지를 따져야 하기 때문이다.

NFT에 대해 사람들에게 만연하게 퍼져 있는 인식이 바로 'NFT는 고유성과 희소성이 있어 투자 자산으로서 가치가 높다'라는 이야기 때문이다. 그러나 이 이야기는 반은 맞고 반은 틀리다. 왜냐하면 상황에 따라 NFT에 고유성과 희소성은 있을 수도, 없을 수도 있기 때문이다. 이에 대해 이야기하기 위해 잠시 NFT가 무엇인지 살펴보자.

NFT는 Non-fungible Token의 약자로, 대체 불가능한 토큰을 의미한다. 분산원장 기술을 이용해 디지털 파일의 소유와 거래 기록을 저장하는 것이다. NFT는 이더리움과 같은 코인과 달리 각각의 토큰에 개별 ID를 부착하며, 토큰을 거래할 때 토큰의 소유자가 토큰을 수신한 지갑 주소로 변경되어 블록체인 상에서 거래 기록을 확인할 수 있는 토큰을 의미한다.

여기서 중요한 것은 NFT 그 자체에 이미지와 영상과 같은 실제 콘텐츠를 담은 파일이 저장되는 것은 아니라는 것이다. 거의 모든 NFT는 메타데이터에 기록된 URL을 통해 외부에 있는 데이터를 단지 연결할 뿐, 외부 데이터 그 자체가 블록체인에 기록되는 것은 아니다. 외부 데이터는 체인 바깥에 있는 중앙화된 오프라인 서버나 IPFSInterPlanetary File System와 같은 분산형 파일 시스템, 또는 탈중앙화된 스토리지에 존재하게 된다. 그렇다면 다음과 같은 문제가 생길 수 있다.

1. 내가 NFT를 가지고 있더라도, 어느 날 외부 데이터가 저장된 오프라인 서버가 작동을 멈추면, NFT는 있는데 내가 NFT를 가진 이유인 그 이미지는 사라진다.
2. 내가 NFT를 가지고 있더라도, 어느 날 외부 데이터가 저장된 오프라인 서버에 문제가 생기면, NFT는 있는데 내가 NFT를 가진 이유인 그 이미지가 변형된다.

블록체인의 가장 큰 장점은 기록된 내용을 변경 불가능하다는 것이지만, NFT의 진짜 내용물인 디지털 콘텐츠는 블록체인 밖에 있어 변경될 수 있다는 것이 NFT의 맹점이다.

이에 혹사는 '콘텐츠 자체를 역시 블록체인에 기록하면 되지 않느냐'고 반문할 수도 있다. 그러나 이더리움과 같은 메인넷상에 이미지와 같은 대용량 데이터를 저장하기 위해서는 비용(가스피)과 시간이 만만치 않게 소요되어 대부분의 NFT들이 콘텐츠 자체를 기록하지 못해 우리가 생각하는 NFT의 기능을 온전히 해내지 못할 수 있다.

따라서 NFT가 고유성을 가지기 위해서는 '디지털 콘텐츠 원본까지 변경이 불가능해야 한다'라고 이야기할 수 있다. 이러한 NFT는 한 NFT를 마치 비트코인이나 이더리움을 거래하듯 다른 NFT와 대체할 수 없고, 복제가 너무나 쉬워 원본과 복제본을 구분하기 어렵다는 디지털 파일의 한계를 극복하며 어떤 파일이 원본인지, 이 파일을 누가 가지고 있는지를 분명하게 확인할 수 있기 때문이다.

최근 NFT의 고유성을 확보하기 위해 조작이 불가능한 형식의

■ NFT로 진출한 기업들

2020~2021년	2021~2022년	2022년~
– NBA	– 피자헛 – 타코벨 – 골든스테이츠 워리어스 – 구찌 – 코카콜라 – 아디다스	– 현대자동차 – 푸마 – 나이키 – 신세계 – 롯데홈쇼핑 – 스타벅스

출처: Messari

IPFS와 같은 분산형 파일 시스템이나 이를 활용한 '알위브^Arweave'나 '파일코인^Filecoin'과 같은 탈중앙화된 클라우드에 디지털 콘텐츠를 저장하는 콘텐츠를 저장하는 NFT가 늘어나고 있다. 이러한 흐름이 가속화된다면, NFT는 한계를 극복해 전송 수단이자 가치 저장 수단으로서의 고유성을 확보할 수 있을 것으로 보인다. 투자자들은 이왕이라면 업그레이드된 고유성을 가진 NFT에 더욱 관심을 가져보는 것은 어떨까? 기존의 브랜드 IP를 보유한 기업들의 진출 역시 활발히 이루어지고 있다.

이제 희소성에 대해 이야기해보자. 고유성이 있는 NFT는 그렇다면 모두 희소성이 있을까? 앞서 살펴보았듯 희소성 역시 아무 NFT에나 있는 것은 아니다. 희소성은 '곧 사람들이 그 물건을 가지고 싶은 욕구'와 연관되기에 세상에 하나뿐인 희대의 걸작을 NFT로 민팅* 해 판매한다고 해도 사람들의 수요가 없으면 희소성이 없다고 볼 수 있다.

희소성이 높다는 것이 곧 어떤 재화나 서비스의 수요가 높은 데 비해 공급은 부족한 상황을 의미하는데, NFT에 투자해 이익을 보고 싶은 투자자라면 희소성 있는 NFT를 고르는 데 좀 더 주안점을 두어야 한다.

---

* 디지털 콘텐츠를 NFT로 바꾸는 작업

NFT의 희소성을 결정하는
커뮤니티, 내러티브, 유틸리티

커뮤니티란, 동일한 NFT 컬렉션을 보유하고 있는 보유자들과 해당 컬렉션에 관심이 있는 이해관계자들이 모이는 상호작용의 장場을 의미한다. 커뮤니티는 소위 해당 NFT의 열렬한 '팬'으로, 디스코드 Discord와 같은 소셜 미디어에서 동질감과 소유자들 간의 결속력을 증진한다. 커뮤니티가 활성화되고 규모가 클수록 해당 NFT 컬렉션의 수요가 증가하고 가치가 올라가는 경향이 있다.

NFT를 구성하는 내러티브가 설득력 있을수록 가치가 높다. NFT가 추구하는 방향성, 세계관, NFT의 배경 또는 역사성은 그 내러티브에 의미를 두는 투자자들 사이에서 인기를 끈다. 크립토펑크는 NFT의 개념이 막 생겨나던 2017년 6월 발행된 실험적 성격의 NFT인데, 24×24픽셀 픽셀 크기의 작은 아바타 이미지 모음인 이 NFT는 2020년을 지나 NFT에 대한 사람들의 관심이 폭발적으로 증가하자 가격이 천정부지로 치솟았다. 수천만 달러를 호가하는 가격에 거래되며 매출 약 10억 달러를 돌파하기도 했고, 2021년 6월에는 소더비 경매에서 약 1,175만 4000달러(약 152억 5,200만 원)에 판매되기도 했는데, 크립토펑크는 '가장 오래된 NFT'라는 내러티브로 투자자들의 환심을 샀다.

NFT에 부가적인 가치를 더해주는 유틸리티가 있다면 수요를 창출할 수 있다. 여기서 유틸리티는 NFT 보유자로서 누릴 수 있는 혜택을 의미한다. 유틸리티의 형태는 다양할 수 있다. 어느 유형이나 유틸리티는 NFT의 수요를 창출하는 홀륭한 수단이 되지만, 현재 시장의 주류를 차지하고 있는 컬렉터블 NFT는 유틸리티가 외부인들을 커뮤니티 내로 이끄는 동시에 보유자들의 결속력을 강화하는 전략으로 활용되는 것이 일반적이다. 컬렉터블 NFT의 대표주자인 '보어드에이프 요트클럽BAYC'이 대표적인 예다. 이처럼 NFT 소지만으로 다양한 혜택을 누릴 수 있다면 투자자들은 기꺼이 주머니를 연다.

LEVEL UP

꼭 알아야 할 혁신 금융, STO

앞서 '자산의 토큰화'라는 관점에서 RWA를 살펴본 바 있다. RWA는 ST^{Security Token} 보다 넓은 개념에 해당하고 증권성이 있다고 판명된 것을 토큰증권이라고 하는데, 연초 우리나라에서는 토큰증권이 화제였다. 어렴풋이 '증권'이라는 말을 사용해 토큰증권이 새로운 유형의 증권이라는 점은 유추할 수 있으나 도대체 기존 코인이나 증권과 무슨 차이가 있는지 명확하게 이해하기 어렵다.

토큰증권은 부동산, 미술품 등 실물 및 금융 자산을 블록체인 기반의 토큰에 연동한 것을 의미한다. 여기서 블록체인 기술을 활용해 '토큰' 형태로 발행한 증권을 바로 토큰증권발행^{Security Token Offering, STO}이라고 명칭한다.

이번 '레벨업' 내용은 그간 조각 투자에 관심이 많았던 투자자나 금융권에서 근무하는 실무자에게 지식의 깊이를 쌓는 데 특히 도움이 될 것으로 판단된다. 그렇다면 우선 토큰증권이 어떻게 투자자산으로 격상되었는지 그 배경을 살펴보자.

MZ가 즐겨 하는 투자,
조각 투자

토큰증권의 등장 배경을 조금 더 쉽게 이해하기 위해 2022년 투자자들의 각광을 받으며 성장했던 조각 투자 플랫폼 '뮤직카우' 이야기를 나누어보고자 한다.

뮤직카우는 2016년 국내에 설립된 기업으로, 세계 최초 음악 저작권 투자 플랫폼이다. 연예인을 광고 모델로 내세우며 지하철이나 버스, 인터넷 등에서 시장에 출사표를 내던진 뮤직카우는 2021년부터 급격한 회원 증가를 기록했다.

연예인이 광고 모델로 나서며 '누구나 쉽게 모두가 함께 매달 저작권료가 내 손에' 들어온다는 메시지를 전해 특히 투자에 관심이 많은 MZ세대에게 관심을 받았으며, 2022년 3월 누적 회원수 약 100만 명, 누적 거래액 약 3,400억 원을 돌파했다.

MZ세대들은 좋아하는 가수 노래의 저작권 수익 청구권을 직접 사고 팔면서 '향후 뜰 것 같은 음악'에 미리 투자해 수익을 내기도 했으며, 본인이 좋아하는 아이돌 음악의 저작권 수익권을 일부 소유한다는 것만으로도 흥미를 느끼기도 했다. 모두의 참여로 음악의 새로운 가치가 만들어지고 함께 만족하는 음악 창작 생태계의 새로운 선순환을 만든다는 회사의 슬로건 또한 문화계에서도 각광받았다.

그러나 뮤직카우 애플리케이션을 사용해본 사용자, 업계 관계자 등은 어느 순간 뮤직카우가 증권이 아니냐는 의구심을 가지게 되었다. 혹여 뮤직카우 플랫폼상 거래되는 저작권 수익 청구권이 증권이라면 증권을 거래할 수 있는 플랫폼을 영위하는 사업자는 「자본시장법」에 따른 금융투자업자 라이선스를 부여받아 각종 신고, 투자자 보호 등을 위한 법적 의무를 다해야 하기 때문이다.

이와 관련해 금융위원회에 뮤직카우에 대한 민원이 제기되자, 금융위원회는 뮤직카우의 저작권료 참여 청구권에 대한 면밀한 조사를 이어나갔다. 그리고 2022년 4월 뮤직카우의 음악 저작권료 참여 청구권은 증권의 한 종류에 해당하는 '투자계약증권'이라는 결론을 내리고 이와 관련해 가이드라인을 발표했다.

■ **투자계약증권 가이드라인**

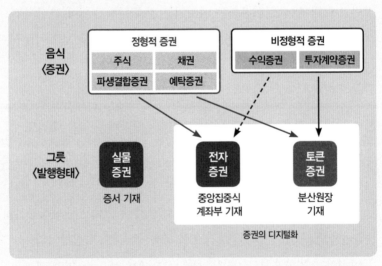

증권의 디지털화

▶ STO 허용은 새로운 그릇을 만들어 음식 특성에 맞는 그릇을 선택하도록 허용하는 것이다.
▶ 발행인의 선택에 따라 정형적 증권을 토큰 증권에 담거나, 비정형적 증권으로 발행 가능하다.

출처: 금융위원회

사실 증권을 거래하려는 사업자가 「자본시장법」에 따른 라이선스 발급 같은 조치를 취하지 않고 사업을 영위한다면, 이는 금융당국의 제재 대상에 해당하고 원칙적으로는 이러한 사업자들은 자신의 사업을 종료해야 한다. 이러한 이유로 뮤직카우의 증권성 여부가 도마에 올라왔을 때 뮤직카우의 영업 종료 가능성을 두고 세간의 집중이 쏠린 것이다.

　사업이 종료될지도 모른다는 투자자들의 염려를 충분히 감안한 금융위원회는 충분히 심사숙고한 이후, 뮤직카우에 다시 한 번 기회를 제공하기로 했다. 그간 투자자 피해가 없었고, 가입 회원이 많아 사업 지속에 대한 기대가 이미 시장에서 형성된 것을 감안할 때 법에 따른 사업 재편을 요구하는 조건으로 제재를 보류한 것이다.

　기사회생한 뮤직카우는 결국 금융위원회의 요구를 모두 수용해 사업 구조를 다시 재편해 관련법을 준수하며 제도권 안으로 포섭되면서 안정성을 확보하고 사세를 확장하고 있다. 비온 뒤 땅이 굳듯 고비를 잘 이겨낸 뮤직카우는 현재 해외 진출에도 박차를 가하며 활발하게 사업을 이어가고 있다.

　나아가 뮤직카우는 문화와 금융의 경계를 허물며 소비자가 손쉽게 음악에 투자할 수 있게끔 함으로써 자금 조달의 어려움을 겪는 많은 창작자에게 자금을 조달해주는 역할을 해내고 있다는 평가를 받고 있기도 하다.

조각 투자 사업자,
블록체인 기술로 효율성을 더하다

뮤직카우뿐만 아니라 2022년 당시에도 국내에서 조각 투자 사업을 하는 사업자는 꽤 존재했다. 부동산 수익증권을 쪼개 조각 투자 서비스 '소유'를 운영하는 '루센트블록Lucentblock', 대표적인 미술품 플랫폼으로 '아트앤가이드Artnguide'가 운영하는 '열매컴퍼니', 최대 회원 수와 최대 구매 전환율을 자랑하는 미술품 조각 투자 플랫폼 '테사TESSA' 등이 바로 그러하다.

  그렇다면 여기에서 한 가지 의문점이 든다. 과연 '조각 투자 사업에 반드시 블록체인 기술이 필요한가?'다. 사실 이에 대한 답변은 '아니요'다. 뮤직카우뿐만 아니라 조각 투자 사업자인 스탁키퍼Stockeeper

■ **국가별 STO 수(2017~2020)**

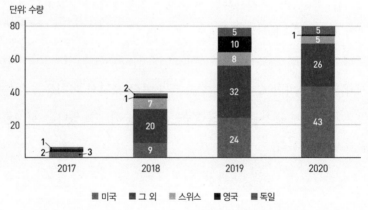

단위: 수량

출차: 코인텔레그래프리서치|Cointelegraph Research

도 별도의 블록체인을 활용하지 않았다. 다만, 일부 사업자들이 조각 투자 사업에 블록체인 기술을 활용하면서 블록체인 기반의 토큰증권 시대를 앞당긴 것이다.

　미국에서 시작된 토큰증권 시장은 지난 5년 동안 이미 꽤나 성숙되었는데, 블록체인 기술을 적극적으로 활용하는 미국 같은 사례에서 아이디어를 착안한 국내 조각 투자 사업자들이 국내 시장에서 블록체인을 대중적으로 활용하기 시작했다. 나아가 해당 산업이 꽤나 성장하면서 금융당국은 조각 투자 상품의 '증권성 여부'에 대한 고민을 넘어 블록체인을 활용한 토큰증권 시장의 개설을 고민하기 시작했다.

■ **글로벌 STO 시장 규모 추이**

단위: 100만 달러(좌)/1,000만 달러(우)

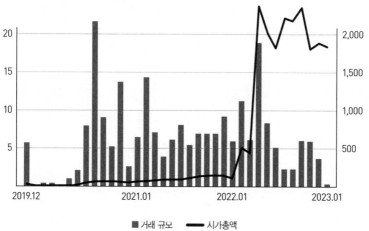

출처: STO 마켓

STO 시장은 이미 여러 나라에서 5년 전에 개설되었기에 우리나라 또한 글로벌 추세를 고려할 필요가 있었고, 조각 투자에 대한 국민의 관심, 윤석열 정부의 디지털자산 산업 육성 기조 등이 종합적으로 작용해 금융당국은 '블록체인 기술을 활용한 STO 시장의 개설'이라는 결정을 내리게 되었다.

IPO를 닮은 ICO,
대안으로 등장한 STO

미국에서 시작된 STO의 등장 배경은 IPO^{Initial Public Offering} 그리고 국내 및 다수 국가에서 금지하는 ICO와 연관이 있다. 우선, 자본 시장에서 비상장기업이 유가증권 시장이나 코스닥 시장에 상장하기 위해 그 주식을 불특정 투자자들에게 공개하는 것을 IPO라고 한다. IPO는 주로 상장을 진행해 기업에서 발행한 주식을 일반 투자자에게 공모하는 방식으로 이루어진다. 그러나 소규모 기업이나 혁신 기술을 가진 스타트업 등이 사업 초기에 자본 시장 관련 법규 등을 준수해 IPO를 하기는 거의 불가능하다. 이에 대한 해결책으로 디지털자산 시장에서 급부상한 것이 바로 ICO였다.

ICO란 암호화폐 공개를 의미하는데 이는 사업자가 블록체인 기반의 코인을 발행하고, 투자자들은 그 사업의 기술 가치, 사업 내용 등을 담은 백서를 기반으로 투자하는 것을 의미한다. ICO를 진행해서 자금을 조달한 가장 유명한 프로젝트는 이더리움인데, 이더리움 개발자인 비탈릭 부테린은 스마트 콘트랙트가 가능한 이더리움과 디지털자산인 이더를 제안했고, 2014년 당시 크라우드 펀딩 방식을 이용해 약 3만 비트코인에 달하는 자금을 모아 2015년 실제 서비스를 시작했다. 이더리움은 2023년 3월 기준 시가총액이 약 2,200억 달러에 달하고, 현재 차세대 블록체인 시대를 이끄는 기술로 꼽히고 있다.

이더리움 ICO 이후 제2의 이더리움을 꿈꾸는 다양한 블록체인 프로젝트가 세상에 등장하기 시작했으나, 그 결과는 안타깝게도 주로 '참패'라고 평가되고 있다. 크라우드 펀딩 형태로 그럴싸한 프로젝트 내용을 광고하며 고수익을 약속해 자금을 조달한 프로젝트들

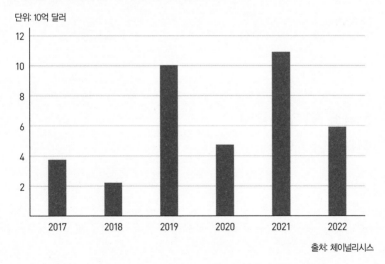

■ 연간 디지털자산 사기 수익 추이(2017~2022)

단위: 10억 달러

출처: 체이널리시스

이 대부분 그 실질이 없거나 백서대로 프로젝트를 발전시키지 않은 것이다. 소위 '다단계' 형식으로 자금을 끌어모으기만 했지 이더리움과 같이 실제 프로젝트를 수행하는 케이스는 극소수였던 것이다.

이에 대부분의 ICO가 피싱Phishing, 신용사기Scam, 다단계 사기Ponzi scheme으로 불리기 시작했으며, 상황이 지속되자 심각한 사회 경제 문제로 인식되기 시작했다. 결국 2017년 금융위원회는 국내 디지털 자산 시장 과열과 투자자 피해 방지를 위해 모든 형태의 ICO를 금지하는 조치를 발표하기도 했다.

여러 형태의 ICO가 다수 국가에서 점차 금지되자 ICO의 단점을 보완하기 위해 대안으로 등장한 것이 바로 STO다. ICO는 실물자산이 가치를 뒷받침하지 않고, 각국 규제가 점차 ICO를 금지하는 추세이므로 증권법을 준수하며 실물자산이 가치를 뒷받침하는 STO는 ICO의 단점을 보완할 수 있다고 판단된 것이다. 이처럼 STO 시장은 2017년부터 여러 나라에서 성장하기 시작했고, 2023년 비로소 국내 STO 시장의 개설을 위한 금융당국의 계획이 발표되었다.

한국형 STO 시장의
본격적인 개막

금융위원회가 발표한 정비방안에 따르면, 향후 우리나라에도 토큰 증권을 거래하는 시장이 열릴 것으로 보인다. 우선 금융위원회의 보도 자료에 따르면, 정부는 '토큰'이라는 형태가 특성상 거래단위 분할과 자산 이동이 용이해 높은 유통성을 지닌 장점을 지닌 것을 인지하고 있고, 토큰증권에 대한 시장의 수요가 증권 시장과 디지털자산 시장에서 모두 제기되었다고 한다. 그간 다소 경직적인 시장 규제와 시장 관행으로 다양한 소액 투자 수요를 충족시킬 수 있는 새로운 증권 상품이 시장에서 출시되지 못하고 있는 현재 상황을 고려해, 자산 유동화와 다양한 권리를 담은 토큰증권의 발행과 유통을 허용하려는 것이다.

금융당국은 기존에 없던 비정형적, 새로운 형태의 증권(비금전 신탁 수익증권, 투자계약증권)을 새로운 혁신 기술인 블록체인 기술을 활용해 발행하고 유통하겠다고 했다. 또한 전통 증권 시장에 혁신 시스템을 적용해 더욱 효율적인 방식으로 전통 자본 시장의 체질을 개선하겠다는 계획을 밝혔다. 다만 증권의 토큰화 과정에서 블록체인 기술이 사용되어도 토큰증권의 본질은 '증권'이므로 토큰증권 관련 사업자들은 증권 관련 법규인 「자본시장법」을 준수해야 한다고 밝혔다. 토큰증권 시대에도 투자자를 전통 증권 시장의 수준으로 보호하겠다는 의지다.

금융당국의 의지를 보았을 때 전통 증권 시장의 모습도 다변화를 꾀할 것으로 보인다. 현재 우리나라에서 법적으로 허용되는 증권의 발행 형태는 실물 증권과 전자 증권뿐인데, 관련법을 개정해 '분산원장'에도 증권과 같은 법적 효력을 부여해 거래의 안정성을 유지하겠다는 입장이다. 나아가 기존 증권 거래 시스템의 보안 수준 거래의 안정성을 도모하기 위해 증권의 발행 총량 관리나, 등록 심사 등은 현행대로 예탁결제원이 맡게 될 것임을 밝혔다.

향후 개설될 시장의 구조를 자세히 살펴보면, 토큰증권 발행은 기존 증권 발행 시스템과 같이 증권사에서 가능하지만, 법이 요구하는 일정 요건을 갖추면 누구든지 '발행인'으로서 토큰증권을 직접 발행할 수 있도록 했다. 나아가 토큰증권의 유통은 신설되는 라이선스를 부여받은 '장외거래중개업자'가 담당하게 된다. 해당 시장은 비상장 주식처럼 장외거래로 이루어지게 될 예정이며, 향후 토큰증권이 상장된다면 기존 형태(전자증권)로 한국거래소 내 신설될 디지털자산 시장에서 토큰증권을 유통하도록 해 전통 증권 시장의 안정된 인프라를 사용할 계획임을 밝혔다.

정부는 해당 방안과 같이 블록체인 기술을 활용해 전통 금융 시장의 확장을 꾀하겠다는 혁신 의지를 밝히며, 토큰증권 시장이 신규 시장인 만큼 다양한 신규 사업자 진출의 활로를 열어두었다.

한국형 STO 시장의 수혜자는 누가 될 것인가?

해당 규율방안을 자세히 살펴보면 향후 국내 토큰 시장의 수혜자가 누가 될 것인지, 주요 플레이어는 누가 될 것인지 가늠해볼 수 있다. 향후 한국 토큰 시장은 크게 증권사, 조각 투자 사업자, 블록체인 기술 보유 기업이 이끌어나갈 것으로 예상된다.

우선 증권사는 기존 증권 유통 인프라를 구축하고 있으므로 토큰 증권 유통 플랫폼에 대거 진출할 것으로 예상된다. 증권사는 「자본시장법」 제16조의 2에 따른 업무 추가 등록을 진행해 비교적 쉽게 '장외거래중개업'을 영위할 수 있다. 또한 증권사는 이미 「자본시장법」에서 높은 수준의 자본, 대주주 요건 등 금융 투자업 규제를 준수하고 있기 때문에 장외거래업을 영위하기 위한 규제 준수 비용이 신규 사업자보다 낮을 수밖에 없어 진출에 용이할 것으로 보인다.

물론 증권사가 토큰증권 시장에 진출한다고 하더라도 토큰증권 유통 수수료가 높지 않고(국내 주식시장 평균 8bp), 국내 조각 투자 시장의 관심이 부동산으로 쏠려 있는 것을 감안할 때 현재 부동산 불황으로 단기간 내에 흥행할 것으로 어려울 것으로 판단된다. 다만

■ 시장에서의 대상별 역할과 수혜

대상	특징
증권사	– 기존 증권 유통 인프라 활용 가능 – 토큰 증권 발행 가능성 – 마이데이터 수집 같은 플랫폼 수혜 기대
블록체인 기술 보유 디지털자산 사업자	– 금융 산업 내 블록체인 기술 활용성 높음 – 블록체인 기술 제공 및 관리 등 수익 모델 다변화
조각 투자 사업자	– 규제 샌드박스가 아닌 제도권 편입 가능성 – 신규 투자자 유입으로 규모의 경제 가능성 – 기존 비즈니스 모델로 다양한 자산군 선점 가능

출처: 저자 정리

증권사는 중장기적으로 시장 확대에 따른 고객 확보와 MAU^Monthly Active Users(한 달 동안 서비스를 이용한 사람의 수) 확대에 따른 간접 효과(금융 상품 판매, 마이데이터 사업 등), 토큰증권 매매기능 추가를 바탕으로 한 MTS 고도화로 플랫폼을 강화하는 수혜 또한 더불어 누릴 것으로 예상된다.

일부 조각 투자 사업자도 직접 토큰증권을 발행할 수 있으므로 수익 자산을 지속적으로 발굴해 수수료 이익을 창출해갈 것으로 보인다. 현재 소수의 조각 투자 사업자들은 금융위원회의 한시적 라이선스에 해당하는 '혁신금융서비스'를 이용해 조각 투자 사업을 영위해왔으나, 이는 최대 4년이라는 기한이 있어 영업의 지속성이 불확실한 측면이 있었다. 그러나 금융위원회의 새로운 규율에 따라 조각 투자 사업자들이 증권을 직접 발행하거나 또는 증권사의 도움을 받아 토큰증권을 발행하고, 제도화된 유통 활로를 찾아나갈 수 있게 되면서 이전보다 훨씬 안정적인 사업구조를 설계해나갈 수 있을 것으로 보인다.

마지막으로 블록체인 기술 기업은 토큰증권 시장의 새로운 메기가 될 것으로 예상된다. 토큰증권의 발행과 유통 기술의 핵심이 '블록체인'이므로 향후 전통 금융 시장에서의 블록체인 기술의 활용은 필연적이다. 블록체인 기술을 보유한 전문 기업들은 토큰증권의 발행 및 유통 기술 단계를 모두 지원하고 컨설팅 업무 등을 수행하며 전통 금융 업계에서의 영향력을 넓혀갈 것으로 예상된다. 이에 더해 토큰증권 유통 플랫폼을 구축해야 하는 증권사에 STO 플랫폼을 제공하는 서비스를 지원하거나 조각 투자 사업자 같은 발행자들이 분산원장을 구축하는 데 필요한 기술을 지원하면서 발행과 유통을 이어주는 새로운 플레이어로서 메기의 역할을 톡톡히 해낼 것으로 예상된다.

블록체인을 이용한
전통 금융 혁신의 신호탄

ICO의 대안으로 거론되었던 STO가 현시점에서 소규모 기업 등의 혁신 기술 개발 등을 위한 초기 자금 조달의 수단의 역할을 해내기는 어렵지만, 한국형 STO 시장 개설은 그 자체로 다양한 의미를 지닌다.

우선 블록체인 기술과 전통 금융 시장의 융합이라는 관점에서 토큰증권 시장 개막은 향후 블록체인 기술을 토대로 전통 금융 시장과 디지털자산 시장의 성장을 모두 견인할 것으로 예상된다. 금융 기관과 디지털자산 거래소, 블록체인 기업 등간의 협업 및 기업합병 등은 더욱 활발해질 것이며, 블록체인 기술 사업 활성화로 디지털자산의 인적·물적 인프라 또한 강화 가능성이 높다.

토큰증권 시장이 단기적으로는 수익을 내기는 어렵다고 예측되지만, 향후 토큰증권의 발행과 유통이 대중에게 받아들여진다면 현재 전자 증권으로 발행된 증권들 또한 블록체인을 활용해 토큰증권으로 발행될 가능성도 열려 있으므로 시장은 예상보다 더욱 빠른 속도로 성장할 수 있다. 나아가 과거 주식의 형태가 종이에서 전자증권으로 변화한 것처럼 미래의 증권은 블록체인 형태로 변할 수 있으며 지금은 그 과도기적 과정에 있다고 볼 여지도 있다.

블록체인 기술을 활용해 오래된 제도의 효율화를 꾀해 혁신 금융으로 도약하려는 금융당국의 적극적인 움직임으로 전통 증권 시장과 디지털자산 시장은 서로의 장점을 수용하는 성장의 각축전을 시작했다. 이러한 연유로 블록체인 기술은 차세대 금융을 이끄는 핵심 기술로 자리 잡고, 점차 진화하는 블록체인 기술은 디지털자산 시장의 눈부신 성장의 초석이 될 수 있다고 판단된다. 작은 나비의 날갯짓이 지구 반대편의 토네이도를 불러오듯, 토큰증권의 날갯짓이 향후 금융권의 대격변의 맹아가 될지 누가 알겠는가?

DIGITAL ASSET

나가며

이 책이 쓰여진 2023년 현재, 챗GPT가 몰고 온 인공지능 열기가 뜨겁다. 마치 채팅창 너머에서 보이지 않는 누군가가 내 질문에 답을 해주는 듯한 서비스에 많은 사람들이 열광했고, 서비스를 출시한 '오픈AI'의 CEO인 샘 알트만Sam Altman은 일약 전 세계에서 가장 유명한 기업인 반열에 올랐다. 그리고 지난 6월 9일 샘 알트만은 용산에서 윤석열 대통령을 만나 환담을 나누고 중소벤처기업부의 이영 장관과 함께 행사에 참여해 대한민국의 수많은 기업인과 인공지능 그리고 대한민국 스타트업의 미래에 대해 이야기를 나누었으며, 이 장면은 여러 경제신문의 1면을 장식했다. 반면 그다음 날인 6월 10일 샘 알트만이 강남 모처에서 본인이 공동창업자로 참여한 월드코인World Coin의 프로모션 행사에 참여한 것은 상대적으로 덜 알려진 소식이지만, 블록체인 업계의 관점에서는 매우 중요한 자리였다.

월드코인 측에 따르면 개인이 홍채 인식으로 '월드 ID'를 발급받으면 '월드 앱World App'으로 월드코인이 발급되고, 이를 이용해 온라인상에서 인공지능과 구별되는 개인 디지털 신원을 인증할 수 있다고 한다. 또한 월드코인은 인공지능 시대에 일자리를 잃어버리는 사람들에게 보편적 기본소득Universal Basic Income으로 지급된다. 그러나 일각에서는 개인의 홍채 정보에 대한 보안정책이 명확하지 않으며, 기본소득 마련을 위한 토크노믹스Tokenomics가 불투명하다는 점을 들어이 프로젝트를 전 세계인의 데이터를 독점하기 위한 노력이자, 결국미국이 인공지능 시대에도 패권을 장악하려는 시도가 아니겠냐는의구심을 제기하고 있다.

미국뿐만이 아니다. 블록체인 기술과 디지털자산을 국익 차원에서 활용하려는 노력은 전 세계 각국에서 현재진행형이다. 엘살바도르가 비트코인을 법정화폐로 선언한 것은 이미 너무도 유명한 사례다. 러시아는 무역 결제에 비트코인을 비롯한 디지털자산을 활용하겠다는 방침을 발표했고, 이를 위한 법안 개정을 추진 중이다. EU는 2023년 6월 세계 최초로 포괄적 디지털자산 규제법안Market in Crypto-Asset regulation, MiCA을 제정해 디지털자산의 기능과 유형별 차별화된 규제체계를 마련해 산업 발전의 주도권을 잡았다는 평가를 받고 있다.

심지어 디지털 시대 이후 다소 더딘 행보를 보이던 것으로 평가받던 일본마저 경제산업성 산하 웹 3.0 전담 사무처를 신설하고, 디지털자산 발행사의 보유물량에 대해 법인세를 면제할 뿐만 아니라개인의 디지털자산 투자로 얻은 소득에 대한 최고세율도 55%에서

20%로 낮추는 방안을 검토 중인 것으로 알려졌다. 그러나 현재 우리나라 정부가 블록체인 산업과 디지털자산 시장에 대해 보이는 태도는 전 세계적인 흐름에 비추어 볼 때 다소 아쉬운 점이 있다.

디지털자산 광풍이 일던 시절의 수많은 투자자, 특히 젊은 세대가 충분한 준비도 없이 디지털자산 시장에 뛰어들어 일부는 커다란 부를 이루어낸 반면, 대부분은 상당한 돈을 잃기도 했다. 이는 상당한 사회 문제로 대두되었다. 특히 테라-루나 사태나 FTX 사태 등으로 인해 디지털자산을 보는 제도권의 시각이 부정적으로 변화한 점은 충분히 이해되는 부분이다.

그러나 똑같은 칼도 흉악범의 손에 있으면 범죄의 도구로 악용될 수 있지만, 뛰어난 셰프의 손에 있으면 훌륭한 요리를 만드는 도구가 된다. 디지털자산 그리고 그 속에 있는 블록체인 기술은 분명 인류의 역사를 뒤바꿀 잠재력을 지니고 있다.

17세기 초 네덜란드는 세계 최초의 주식회사인 '동인도회사'를 설립한 이후 세계최강국으로 올라선다. 17세기 말 영국은 '관용법'을 제정해 이방인에게 예배의 자유를 허용하면서 유대 자본을 흡수하고 산업혁명을 이루어내 '해가 지지 않는 나라, 대영제국'의 토대를 마련했다. 19세기 미국 뉴욕은 '유한책임제도'를 도입해 기업인이 파산하더라도 다시 사업에 도전할 수 있는 제도적 기반을 만들어 전 세계의 인재와 자본을 흡수하면서 명실상부한 세계경제의 중심으로 성장했다.

역사가 말해주는 교훈은 명확하다. 새로운 혁신에 개방적인 사회로 인재와 자본이 모여들고, 결국 패권도 이동해왔다는 사실이다. 디지털자산을 둘러싼 여러 우려가 있지만 많은 전문가는 가까운 미래에 세상에 존재하는 모든 자산과 가치가 블록체인 기술을 기반으로 디지털화되어 손쉽게 거래될 것으로 예측하고 있다.

대한민국은 반도체부터 스마트폰과 같은 전자기기, 게임 등 소프트웨어, 전 세계 최고 수준의 초고속 통신망, 세계적으로 영향력 있는 문화 콘텐츠까지 블록체인 기술을 기반으로 펼쳐질 웹 3.0 시대 구축에 필요한 모든 인적·물적 인프라를 보유한 몇 안 되는 나라다.

이 책을 쓰는 동안 업계 곳곳에서 묵묵하게 블록체인 기술의 가치를 믿고 블록체인을 활용해 세상에 존재하는 문제를 실제로 풀어내기 위해 노력하는 수많은 창업가와 개발자를 만날 수 있었다. 선배 기업인들이 반도체와 자동차 그리고 문화 산업으로 전 세계 최고의 자리에 올랐던 것처럼, 4차 산업혁명 시대에 블록체인 분야에서는 대한민국이 1등이 될 수 있을 것이라고 진심으로 믿는 이들이었다.

사실 우리는 이미 전 세계 1등의 블록체인 서비스를 경험한 적이 있다. 바로 코로나19 팬데믹 당시 전 국민이 사용했던 백신 패스 'COOV' 애플리케이션이 바로 블록체인 기반이었다. 개인의 민감한 의료 정보를 중앙 서버에 저장하지 않는 COOV는 약 4,300만 명이 넘는 사용자가 사용하고 전 세계에서 가장 성공한 블록체인 기술 적용 사례다. 의외로 이 애플리케이션이 블록체인 기반이라는 사실은 널리 알려지지 않은 듯하지만, 기술의 진보란 원래 그런 것이 아닐까? 사용해보니 너무 편리해서 그 이전으로 돌아갈 수 없는 비가역적 변화, 인류의 역사 속에서 기술이란 늘 이러한 방향으로 발전해왔다.

2023년 초 부산시가 블록체인 기술을 적용해 지역화폐인 '동백전'을 발행하고, 송금과 결제뿐만 아니라 신원인증, 주민투표, 정책자금 수령, 행정 및 공공 영역에 걸쳐 통합된 혁신 서비스를 제공하겠다는 '통합 시민 플랫폼' 구축 계획을 발표한 바 있다. 아직 초창기에 있는 블록체인 기술이 시민들에게 실질적인 혜택을 주는 데 쓰일 수 있다는 점에서 기대가 크다.

이제 시작이다. 앞으로 블록체인 기술은 우리 삶 속에 더욱 깊숙이 들어오게 될 것이다. 그리고 수많은 분야에서 혁신을 만들어낼 것이다. 그 속에서 태어날 새로운 기회, 그것을 잡는 것은 준비된 자의 몫이라고 믿는다.

여기까지 여정을 함께해준 독자 여러분께 깊은 감사의 말씀을 드린다.

서병윤

DIGITAL ASSET

디지털자산 시대가 온다

초판 1쇄 발행 2023년 10월 1일

지은이 서병윤, 이미선, 오유리, 이재민, 노치혜, 신연수, 오승준
브랜드 경이로움
출판 총괄 안대현
책임편집 이제호
편집 김효주, 정은솔
마케팅 김윤성
표지디자인 프롬디자인
본문디자인 유어텍스트

발행인 김의현
발행처 (주)사이다경제
출판등록 제2021-000224호(2021년 7월 8일)
주소 서울특별시 강남구 테헤란로33길 13-3, 2층(역삼동)
홈페이지 cidermics.com
이메일 gyeongiloumbooks@gmail.com(출간 문의)
전화 02-2088-1804 **팩스** 02-2088-5813
종이 다올페이퍼 **인쇄** 재영피앤비
ISBN 979-11-92445-50-2 (03320)